大学生心理健康的教育教学研究

闵敏　夏利平　申轶颖 ◎ 著

吉林出版集团股份有限公司

图书在版编目（CIP）数据

大学生心理健康的教育教学研究 / 闵敏,
夏利平,申轶颖著. — 长春 ：吉林出版集团股份有限公
司,2024. 8. — ISBN 978-7-5731-5851-2

Ⅰ. G444

中国国家版本馆CIP数据核字第2024011SD5号

大学生心理健康的教育教学研究

DAXUESHENG XINLI JIANKANG DE JIAOYU JIAOXUE YANJIU

著　　者	闵　敏　夏利平　申轶颖	
责任编辑	聂福荣	
封面设计	林　吉	
开　　本	787mm×1092mm　　1/16	
字　　数	180 千	
印　　张	13.5	
版　　次	2024 年 8 月第 1 版	
印　　次	2024 年 8 月第 1 次印刷	
出版发行	吉林出版集团股份有限公司	
电　　话	总编办：010-63109269	
	发行部：010-63109269	
印　　刷	吉林省恒盛印刷有限公司	

ISBN 978-7-5731-5851-2　　　　　　　　　　　　定价：85.00 元

前　言

在当今社会快速发展的时代背景下，高等教育不仅要传授知识和技能，更要注重学生综合素质的全面提升。其中，心理健康作为学生全面发展的重要组成部分，日益受到社会各界的广泛关注。大学生，作为社会的未来和希望，正处于人生发展的关键时期，面临着学业、职业规划、人际关系、情感等方面的挑战，这些压力往往互相交织，对他们的心理健康构成潜在威胁。

因此，加强大学生心理健康教育与教学研究，不仅是对学生个体成长负责，也是构建和谐校园、培养高素质人才、促进社会稳定的必然要求。心理健康教育的目标是通过系统的教育引导与干预，帮助学生建立正确的自我认知，掌握有效的情绪调节与压力管理方法，提升人际交往能力，培养积极向上的生活态度，以便在面对挫折与挑战时能够保持健康的心理状态，充分发挥个人潜能。

本研究聚焦于大学生心理健康教育的现状和存在的问题，分析影响大学生心理健康的主要因素，并基于理论与实践相结合的原则，提出切实可行的教育策略与改进建议。期望通过深入研究，能够构建一套科学、系统、高效的大学生心理健康教育体系，为高校心理健康教育工作者提供有力的理论支撑与实践指导，同时也为大学生提供更加丰富、多元的心理支持资源，助力他们健康成长，成为有理想、有能力、有担当的时代新人。

闵敏　夏利平　申轶颖

2024 年 4 月

目　录

第一章 大学生心理健康概述

第一节 健康与心理健康

一、健康与心理健康

（一）健康的定义

"身体健康"是最常见的祝福语，它反映了"健康"是每个人的愿望。对于健康的定义，传统观念认为健康就是身体没有疾病。因此，人们重视身体的锻炼与保养，却容易忽略心理的保健。随着科学的进步和社会的不断发展，人们对健康的理解更加深入。

健康不仅包括身体健康，它还包括心理健康、道德健康等多方面的内容。健康的目标是追求更积极的状态、更高层次的发展。身体健康是健康的生理基础。大学生正处于身体发育和成熟的关键时期，拥有健康的体魄，才有充沛的精力去学习各种各样的新知识，才有足够的毅力迎接挑战，才能高效率地工作，才会有愉悦的心情和幸福的人生。

健康的定义一直在发展中：①健康不仅指没有疾病或虚弱的现象，而且指一种生理、心理和社会方面的良好状态。②身体健康，心理健康，社会适应良好。③健康应包括身体健康、心理健康、社会适应良好和道德健康。④健康应是能对抗紧张，经得住压力和挫折，积极安排自己的各种生活活动，使自己的智慧、情感和身体融为一体，生活和精神充满生机，且富有文明的意义。

从对健康定义的变化可以看出，心理健康正受到越来越多的关注。传统的心理健康观念将心理健康与心理疾病视为一条线上的两个端点，因此，没有心理疾病就是心理健康。然而，随着科学文化的进步和社会的不断发展，人们对心理健康的理解也更加深入。

心理健康不仅是一种无精神病的状态，更应被视作一种幸福身心状态。在这种状态中，个体能够清晰地认知自身潜力，自如应对正常的生活压力，高效投身工作，并对社会作出贡献。从广义上而言，心理健康是指个体具有一种持续、高效而满意的心理状态，在这种状态下，生命充满活力，潜能得到挖掘，价值得以实现。从狭义上而言，心理健康是指个体具有稳定的情绪、适度的行为，具有协调关系和适应环境的能力。

心理健康还可以指身体、智力、情绪十分协调；适应环境，于人际关系中能相互谦让；拥有幸福感；在工作时全面施展自身能力，过着有效率的生活。在此定义中，"和谐""幸福感""有效率的生活"是关键要素。这一概念表明，并非没有心理疾病就意味着心理健康，而是强调心理健康是个体身心与社会的整体和谐发展，是个体自身的幸福体验，是个体实现自我潜能的一种高品质生活状态。

（二）心理健康水平

一般而言，心理健康水平可分为以下方面：

1. 常态心理

其表现为经常有愉悦的心理感受，具有强大的适应能力，善于与他人交往，能较好地完成同龄人发展水平应做的活动，且拥有调节情绪的能力。在生活中，大部分人均属于常态心理。心理健康教育的核心目标在于帮助大学生持续保持正常的心理状态，并不断开发心理潜能，提升心理健康水平。

2. 轻度失调心理

其表现为缺乏同龄人所应有的愉悦感，与他人相处略感困难，生活自理存在一定难度。若能主动调节，或通过心理辅导专业人员的帮助，心理问题便会得以缓解或消除，从而逐步恢复常态。一小部分人会在不同的生活阶段呈现各类轻度心理失调情况。对轻度心理失调应该积极进行调整，通常能够迅速恢复常态。

3. 严重病态心理

其表现为严重的适应失调，无力维持正常的生活和学习。

如不及时治疗，极有可能恶化，表现为神经症或精神病性障碍。心理健康教育旨在通过适宜的宣传教育活动，积极防范严重心理疾病的出现，做到早发现、早治疗。

需要说明的是，即便存在精神病性障碍的个体，其心理活动也并非全然异常。比如，他们的人格可能有某方面的缺陷并伴随思维障碍，然而感知功能可能正常，并且经过系统治疗，心理的异常部分，也能得到改善或完全被矫正。因此，正常心理活动和异常心理活动之间，存在相互转化的可能。

二、大学生心理健康

（一）大学生心理健康的标准

心理健康是大学生成长和发展的根本，是大学生适应现代社会必备的素养。缺乏健康的心理，大学生就难以获得健康的自我发展。社会适应能力是指个体为在社会上更好地生存而进行的心理和生理层面在的各种适应性的改变，并因改变而产生行动的一种能力。社会适应能力反映一个人综合素质能力的高低，是个体融入社会、接纳社会能力的表现。良好的社会适应能力，是大学生必备的心理素质。道德健康是健康的灵魂所在。道德健康对心理健康具有重要的促进和发展意义。优秀道德品质会不断促进个体生命成长，增进个体幸福感。大学生心理健康的标准主要包括以下方面：

1. 正确认识自我和接纳自我

每个人各有优势和不足，一个心理健康的大学生能够对自身形成恰当的认知，既能欣赏自己的优势，也能接纳自己的不足；为自己设定的目标符合实际情况，不苛求自我；善于调整自我，保持自我的和谐与统一。

2. 拥有和谐的人际关系

尊重他人，能够接纳他人与自身的差异，对他人秉持真诚、宽容的态度，与他人能良好地进行沟通和交往，维系人际关系的和谐。

3. 拥有良好的适应能力

大学生对于环境应当具有较强的适应能力，能够接受和适应现实环境，面对个人不理想的环境状况，不抱怨、不逃避，根据环境的要求，及时调整个人的需求和愿望，使自己的思想和行为与环境相协调，能够在各种环境中成长与发展。

4.拥有较强的意志品质

大学生应当具有较强的意志品质。能够正确对待学习、恋爱、择业及生活中的各种困难，勇于面对个人成长中的各种挫折。

5.拥有积极乐观、稳定的情绪

大学生应当能够接纳自身的各种情绪，并具备较强的情绪调节能力，保持一种积极乐观的心态。

6.具有完整和谐的健康人格

人格结构包括气质、能力、性格、兴趣等各方面。大学生应当致力于完善自身人格，促使人格的各个层面均能获得合理、平衡的发展。

（二）心理健康的准则

心理健康的准则，是最高准则与最低准则的平衡统一。

当下，心理健康准则问题一直是人们关注的热点议题。心理健康的准则是心理健康定义的具象化和实操化，是衡量心理健康的一系列标准。心理健康准则问题是心理健康研究领域中非常重要的基础理论问题，也是心理健康教育实践中亟待解决的基础理论问题之一。然而，由于心理健康准则的问题囊括面广泛而复杂，截至目前，学者和专家们尚未达成统一意见。

以下四项是认可度较高的心理健康的标准：

（1）身体、智力、情绪非常协调。

（2）适应不同的环境，在人际交往中能彼此谦让。

（3）时常感到幸福。

（4）在工作和生活中，能充分运用自身的能力，使生活富有成效。

有学者提出，可以从内心活动强度、内心活动忍耐力、周期规律性、思维水平、受影响性、恢复能力、心理自制力、自信心、人际交往、环境融入能力等诸多方面判断心理健康。

大学生心理健康学是探究大学生心理健康的产生、发展、变化的一般规律以及探索如何维系和促进大学生心理健康的科学。出于能更具体、更深刻地明确大学生健康心理学的研究对象的目的，我们必须先了解大学生心理健康的准则。

参照心理健康的一般标准，大学生心理健康标准有以下八条：

（1）具有蓬勃的求知欲和浓烈的学习兴趣

一般而言，大学生的智力水平相对较高，学习是他们大学生活的主要组成部分。心理健康的大学生具备如下特征：目标明确，学习热情高昂，精力充沛，生机勃勃。而部分秉持"六十分万岁，多一分浪费"观念的大学生则表现懒惰之态，稀里糊涂混日子，无法体会到成功的愉悦。

（2）具有独立的能力

独立能力彰显个体生存能力，在竞争时代的众多选择面前，大学生不仅要有独自安排自身生活的能力，更要学会自己做一些重大决定。

（3）具有正确的自我意识，能接纳自我

自我意识是人格的核心，是一个人对自身以及自身与周围环境的关系的认知与体会。健康的心理应是自我认知客观，能够接受自我，不苛求自身。既不做力所不及的事情，也不因自轻自贱而甘愿放弃可能的发展机会，而是要保持自信乐观，实现理想自我和现实自我的完美融合。著名心理学家张厚粲教授2001年在北京师范大学5·25大学生心理健康节开幕式上借用了全国政协委员讨论相关问题时提到的一句话："高就高，不弯腰；矮就矮，有光彩；胖就胖，不走样；瘦就瘦，精神够；老就老，脑筋好；少就少，能创造。"这正说明了心理健康即了解并接纳自身。

（4）具有完整稳定的人格品质

人格是一个人相对稳定的心理特征的总和，完整的人格指的是构成人格的气质、能力、性格和理念、人生观等各个方面协调发展，不存在明显的短板。人格完整的人能以积极进取的人生观为核心，从而有效地掌控自身的内心活动。

（5）具有调节和控制情绪的能力

美好的心情使人时常保持愉悦、开朗、自信、乐观、满足的状态，亦能对生活满怀无尽的希望，心理健康的个体在遭遇痛苦、悲伤等不良情绪时，能够迅速调节并保持稳定的情绪，保持与周边环境的协调。

（6）具有良好的适应和改造环境的能力

个体适应和改造环境的能力是由其生活态度决定的。拥有健康心理的人，可以在环境发生变化时正确应对，并做出客观、正确的评判，不怨天尤人，能与社会保持良好的联系，使自身的思维、动作与社会和谐统一。

（7）具有良好的交际能力，人际关系和谐

健康的人际关系是心理健康的润滑剂，具备良好交际能力的人拥有安全感和幸福感。心理健康的人善于与他人相处，以乐观旷达、包容理解的心态与人交往；能够正确处理个体与集体的关系，具备独立的人格和乐于助人的精神。

（8）具有符合年龄特征的心理活动

不同年龄阶段的人有不同的心理活动，心理健康的人应具有与同年龄段大部分人相符合的心理活动特征；如果偏离比较严重，则是心理不健康的体现。

第二节　大学生心理健康问题分析

大学是人生发展的重要时期，承载着许多美好的愿望，同时也充满着矛盾冲突，甚至危机。一方面，大学生思想单纯、生活阅历简单，承受挫折的能力较弱。另一方面，大学生面临着学业压力、经济压力、就业压力，也面临就业与升学、恋爱与学业、生存与发展等多方面问题。如果不能适时调整自我，积极地接纳自我，提高自控能力，便容易引发内心的矛盾冲突，产生多种形式的心理及行为问题，甚至出现严重的心理失衡，甚至导致自伤、自杀及伤人等违法事件。

高校需要帮助大学生树立良好的心理健康意识，培养积极的心理品质，增强大学生的社会适应能力和心理保健水平，以积极向上的心态开拓自己的人生，大学生为了自身的成长与成才，也应当主动增强心理健康意识，认真学习和掌握一些有关的知识和心理调节技巧，加强自我管理、自我教育和自我服务。

一、大学生常见心理问题

当前，大学生的心理健康状况总体较好，但有一定比例的人群存在各种不同程度的心理异常，给学习、生活和健康发展带来了严重影响，需要引起高度重视。当代大学生存在的心理问题主要是成长、发展中的问题，包括以下方面：

（一）心理适应问题

大学生在适应新的角色、任务和环境的过程中，会衍生出诸多心理问题。适应问题包括新生入学的生活适应、心理适应、在校期间角色变化的心理适应、日常行为习惯的心理适应、毕业时的心理适应等。其中以新生入学后的一周到两个月之间，不适应表现最为集中、最为显著，具体诸如无法适应集体生活、不习惯离开家、不会照顾自己、难以入睡等。

（二）自我落差问题

在大学生的自我发展中，既存在自我认知、评价与实际情况的差异问题，也存在理想自我与现实自我的落差问题。理想自我与现实自我的失衡是心理问题产生的关键因素。如何协调理想自我与现实自我的不平衡、如何看待自己，是大学生发展阶段面临的重大课题。另外，过度的自我接纳与过度的自我拒绝、过度的自尊与过度的自卑、自我中心与从众心理、过度的独立意识与过度的依赖心理及其矛盾冲突也是大学生自我意识问题的主要表现，尤其是自卑心理。

（三）学习学业问题

在校大学生的主要任务是学习，圆满达成大学期间的学习任务几乎是每个大学生的愿望。然而，学习压力过大、目标不明确、对所学专业缺乏兴趣、动力不足、注意力不集中、成绩不理想、方法不适宜、对教师的授课方式不适应、考试焦虑等学业问题或多或少地困扰着每一位大学生。大学相对中学而言，拥有更多的自由支配时间，氛围也比较轻松。部分学生经过多年的"高压"学习，进入大学后，一方面缺乏明确的学习目标、学习动机。另一方面学习独立性差，缺乏毅力和韧劲，出现较严重的学习倦怠现象，导致学习生活质量低下，缺乏应有的活力和热情。

（四）情绪与情感问题

大学生处在人生的重要阶段，通常面临着来自个人、家庭、社会等各方面的压力，学习生活的沉重负担、家庭给予的过高期望、社会市场的竞争压力都会使大学生的心理、情绪处于紧绷状态。通常情况下，适度的心理压力能够转化为前进的动力，大学生能够呈现超常发挥的学习状态，从而发挥正调节作用。但若是心理压力过大，或是大学生不具备充足的能力去解决相应的问题，则会产生负面情绪，影响正常的生活状态。在情绪问题方面，比较突出的主要包括以下方面：

1. 抑郁

表现为个体内心持久的情绪低落，常伴有身体不适、睡眠障碍等状况，心情压抑、沮丧、无精打采、不参加活动，在学习和生活中精神萎靡、逃避参与。

2. 焦虑

焦虑是大学生最容易产生的情绪状态，主要分为考试焦虑以及自我焦虑等。考试焦虑是大学生活中的一种普遍情形，特别是在学习基础、能力较差的学生中更为常见。自我焦虑主要是对生活、异性上倾注较多的精力，容易受到来自各方面的影响，产生担心、害怕、厌倦的心理。

3. 情绪不稳定

在大学生活丰富多彩的情境下，学生容易受到外界各种因素的影响。此时期的学生情感方面表现为更加强烈的特质，情绪、心理存在内隐性，情绪易失衡、失控，任何情况都可能影响情绪波动。

（五）人际关系问题

良好的人际关系是大学生成长成才与良好社会化的重要支撑，也是保持良好心理状态的必备条件，它使人获得安全感和归属感、得到支持与理解，给人精神上的愉悦和满足。不良的人际关系使人压抑和紧张，感到孤独与寂寞。对刚跨入大学校门的学生而言，在人际关系方面主要有以下表现：

1. 人际关系不适

进入大学，脱离熟悉的生活与学习环境，面对来自不同的人际群体，众多思想和习惯相互碰撞，学生会产生一定程度的不适应。部分学生对大学的师生关系、同学关系、异性关系等表现出明显的不适应。

2. 社交关系不良

大学能够基本呈现出社会具备的各种要素，学生可以利用这种独特的平台展现自身，发挥自己的才智、特长。其中不乏欠缺勇气、能力、技能的学生，他们害怕失败，却又期望能从中展现自我，并表现出极大兴趣；既渴望友谊，又不敢主动出击，表现出退缩甚至回避的态度。这种情况容易导致学生之间出现猜忌等问题，无法与他人进行正常的交际、交往，不仅无法建立友好的人际关系，而且不利于心理健康发展。

二、正确评估大学生心理健康

如何正确评估和认识大学生的心理健康状况，是高校开展心理素质教育的基础。评估过高或过低，都会影响人们对心理素质重要性的认识，进而影响学校领导对心理素质教育的重视程度，也会影响高校心理素质教育的实施。高校的心理素质教育应当坚持以发展性、教育性为主，着重培养学生良好的心理素质。高校的心理素质教育既区别于医院的以治疗心理障碍和心理疾病为主的模式，也区别于社会上的以问题咨询为主的模式。

高校要实现培养学生良好心理素质这一目标，要采用多种教育途径，如大学生心理健康课程教学、心理咨询等多种教育方式，不能仅依赖心理咨询这一种教育方式。

鉴于大学生心理在总体上是健康的，一些学生产生的心理问题多是自我认识、人际交往等个人成长性问题，因此高校的心理咨询应当以积极取向心理咨询为主，以问题取向心理咨询为辅。

三、有针对性地进行心理健康教育

人的心理总是在与外界环境的互动中变化、发展。大学生心理健康状况的发展变化既与其自身个体因素有关，也与他们成长的家庭环境、学校环境和社会环境，以及这些环境的变化有关。因此，高校开展大学生心理素质教育要研究处于不同阶段、不同环境下学生的心理特点，还要研究他们的心理变化规律，以使教育更有针对性，获取最佳的教育成效。

（一）关注不同群体差异

不同群体学生的心理发展状况存在差异，应当根据不同学生群体的特点，开展心理素质教育工作，主要包括以下方面：

1.针对性别特点开展对大学生的教育

在性别维度上，男女生在心理健康程度上基本一致，无显著差异。针对大学生的教育，应当充分考虑并尊重性别差异，以促进学生全面发展。

在教育内容上，可以针对不同性别的兴趣和优势进行适当调整。例如，为男生提供更多涉及逻辑思维、空间想象等方面的训练，为女生提供更多语言表达、情感交流等方面的训练。同时，也应关注性别平等，避免性别刻板印象对学生的影响。

在教育方法上，教师也应根据性别特点进行差异化教学。通过灵活多样的教学手段，激发学生的学习兴趣和积极性，帮助他们更好地认识自己、发展自己。此外，还应加强心理健康教育，帮助学生建立正确的自我认知，提高应对压力和挑战的能力。

2.针对年级特点开展教育

大学生心理变化在年级上呈现较为确定的规律，即大学一年级向二年级过渡时，心理问题的筛查率普遍呈升高趋势。大学二年级后，心理问题的筛查率普遍呈下降趋势。处于大学一年级至二年级过渡期的大学生的心理状况更容易出现问题，这就要求在实际工作中，除了紧抓新生心理教育，更需关注大学二年级学生的心理教育。

3. 加强对家庭不健康学生的心理教育

一般而言，父母关系欠佳的学生中，存在心理隐患的同学比例远高于亲子关系无压力的同学比例，所以高校要了解学生的家庭状况，关注家庭不健康学生的心理教育。

（二）关注大学生人际交往

大学生个人的内在开放程度相较以往有所降低，与人相处时更加冷漠。这说明大多数大学生在交往的过程中更容易停留在表面，深入且高质量的人际交往越来越少。大学生看似不缺朋友，但能真正在内心有所联结的朋友并不多。人际交往中的淡漠是每一个大学生在生活中能够直接感受到的。同时，人际关系的淡漠可能也是导致大学生情绪低落的重要原因。高校心理教育工作者应该努力为大学生们提供高质量的交往平台，创造良好的人际环境，加强大学生的人际交往训练，增进大学生人与人之间的亲密感。日常要多关心大学生，了解其深层心理，协助他们敞开自我，并引导大学生融入集体活动中，增进人际交往，学会寻求帮助，缓解压力，积极面对自我成长。

第三节 大学生心理健康教育概述

一、促进大学生心理健康教育的意义

（一）心理健康有利于生理健康

现代生理学的研究已经证实，正向的心理状态对生理健康会起到促进作用。积极的心理状态能够促进改善我们的身体机能，提高抵抗疾病的能力。更重要的是，积极的心态可以让人们在一种良好且充满激情的状态下工作、学习和生活，也可以让我们的身体状态体现出积极的活力。如果能稳定保持这种状态，就能促进我们的身体健康；而一个人的心理如果一直处于负面状态，就会导致生理异常或产生疾病。

（二）心理健康有利于大学生的全面发展

心理健康直接影响和制约着大学生的全面发展，良好心理素质的基本要求是心理健康。为大学生开展心理健康教育旨在提高他们的心理素质，培养积极乐观的人生态度、顽强的意志，增强适应社会竞争的能力，帮助他们塑造积极有为的个性心理品质，以便于其心理素质与思想道德素质、文化素质、专业素质和生理素质得以平衡、全方位的发展。

（三）心理健康有利于大学生的成才

健康的心理有利于大学生正常的学习、交往、生活以及未来发展。大学生处于青年阶段，青年阶段是一个人从青涩走向独立自主和成熟的关键期，也是身心产生急剧变化的时期，更是一生发展中的关键阶段。他们往往开始在这个时候开始探寻人生的真理，对未来充满向往。他们也开始尝试扮演各种社会意义上的角色，比如家庭角色、青年角色、自身性别角色和职业角色。他们开始扩大自己的人际交往，加强对自我、他人和社会的理解，他们开始形成一整套自己独特的价值体系和全新的认识事物的思考方式。青年期也是人生的关键期，这一时期的情绪变化、内心冲突等"动荡不安"的特点也十分显著，所以大学生身上比较普遍地存在着不同程度的各种心理困扰，如烦恼、自卑、孤独、忧郁、嫉妒等。这些困扰对于大学生的成才以及适应社会都是十分不利的。所以，在大学期间，要帮助大学生了解自身的心理特点，促进其自我意识发展和完善，并提高心理免疫力，帮助他们走向成熟与独立自主。

二、影响大学生心理健康的层面

大致而言，人的内心世界与外部的客观世界之间无时无刻不保持着非常紧密的联系，一个人的身体条件、心理条件和外部的客观条件在同一时间都会对其心理健康产生十分复杂的影响和作用。人一直处于自然环境和社会环境共同构成的庞大体系中，而这一体系对人心理健康的影响也是非常复杂的，因此我们要坚持用统一辩证的观点来看待这个问题。而这些影响大致可以分成以下几个层面：

（一）个体自身层面

1. 个体的生理因素

个体的身体健康情况、有无身体上的缺陷和疾病以及身高、体重等外表的生理指标和是否严重偏离群体平均水平是影响大学生心理健康的主要生理因素。比如，有的学生因为身体或外貌缺陷会较容易产生自卑心理。临床中经常会有一些大学生因为长期的青春痘而自卑甚至抑郁，有的学生因为身高较矮或者太高而感觉压力很大。这说明，一方面，身体外貌会对一个人的心理产生直接的影响。另一方面，大学阶段的青年因为自我意识的高涨而对自身身体和外貌的过分关注，也是身体因素对大学生心理健康影响显著的原因。

2. 个体的认识、感情和行为因素

个体的认识风格、情绪和感情的状态和行为习惯都会影响一个人的心理健康。认识风格也称认识方式，是指个体在认识过程中所体现出来的常态化的行为模式。认识风格与智商没有关系或关系不紧密，它主要是个体从幼年在知觉、记忆、问题解决过程中养成的态度和表达方式。认识风格是认识过程中个体上的差异体现，具有无时间限制的稳定性和无地点限制的一致性，并且具有二级性和中性价值等特征。认识风格的种类众多，比如场独立型和场依存型、思索型和冲动型、整体型和分析型。例如，一名场独立型的大学生在处理和解决问题时一般习惯通过自己的努力和思索来达到目标，而另一名场依存型的学生则会更多地借助别人的意见和帮助。在情绪和情感方面，有的人感情细腻敏感，有的人情感粗放爽朗。另外，行为习惯囊括一个人的生活习惯、办事风格等，这些都会影响个体的心理健康。

3. 个体的气质因素

气质是表现在个体心理活动的强度、速度、灵活性与指向性等方面的一种长期的心理特征。个体的气质差别是先天形成的，与神经系统活动过程的特性相关联。一个孩子刚出生时，最先体现出来的就是气质差异，比如有的孩子爱哭好动，而有的孩子安静乖巧。但是，气质只会给个体的言行增添某些色彩，而不会决定个体的社会价值，也不具有直接的社会道德评价的含义。气质不能影响个体的成就，任何气质的个体只要经过自身的努力都能在不同的领域取得成就，反之则也可能成为平庸无为的人。

气质是个体的个性心理特征之一，它是指个体在认知、感情、语言、行为等心理活动发生时所呈现出来的力量的强弱、速度的快慢和平衡程度等稳定的特征。其主要体现在情绪感受的快慢、强弱以及动作的灵敏或迟钝等方面，所以，它为个体的全部心理活动涂上了一层厚重的色彩。

4.个体的性格因素

性格是个体在对现实稳定的态度和习惯的行为方式中体现出的人格特点，它能体现个体的道德品质，受个体的世界观、人生观、价值观的影响。我们把这些具有道德评价含义的人格差异称为性格差异。个体的性格是在后天社会环境中逐步养成的，是人格差异的核心。性格直接反映了个体的道德风貌。

（二）环境层面

1.家庭环境

（1）父母亲的心理状态

作为个体生命中的重要他人，父母亲各自的心理状态，包括父母亲的认知、情感和行为等方面的表现，以及父母亲的脾气、性格、人生观、价值观，等等，对个体心理的发育和健康都有着极其重要的影响。

（2）家庭结构

家庭结构包括家庭成员的结构、家庭成员之间的互动交流模式、家庭能够为个体提供的情感支撑等方面。独生子女家庭、单亲家庭、祖孙同堂等不同的家庭结构对个体的心理健康会有不同的影响；子女与父母亲之间能否存在有效的、健康的交流模式，对个体心理健康也具有十分显著的影响；来自家庭的情感支撑，是维护大学生心理健康的重要保障。研究表明，婚姻是家庭中的主要关系形式。研究从对父母关系与大学生心理健康关系的分析中得到启发，父母之间的不良婚姻关系对大学生的心理健康的影响可以归结为两点：其一，不健康的父母关系会造成孩子的不良人格特征。与父母关系不好的大学生相比，父母关系好的大学生在人格特征上具有更多的优越性。其二，婚姻关系制约着父母与子女之间的相互作用。婚姻失谐、家庭不和，父母苦闷不安，势必影响亲子关系的质量。

（3）家庭的经济情况和社会地位

大学生的家庭的经济状况、生活背景、家庭背景等，都会间接影响大学生的心理状态。

（4）父母的教养方式

教养方式是指父母在养育、教导子女的过程中使用的方法和形式，它概括了父母各种教养行为的特征，是一种相对稳定的行为风格。

美国心理学家戴安娜·鲍姆林德提出了家庭教养方式的两个特性，即要求性和反应性。要求性指的是对孩子的行为，家长是否有适当的标准并一直要求孩子达到。反应性指的是对孩子个体的接受程度及对孩子需求的应变程度。大量研究表明，家庭教养方式与大学生心理健康的联系十分紧密。

我国对家庭教养方式的分类标准尚未统一，常见的是将家庭教养方式分为纵容型、溺爱型、独裁型和平等型。实验研究表明，父母的强制行为、过度控制和大学生心理健康水平呈负相关。权威型家庭教养方式与大学生的心理和社会优势显著相关，正如在幼年早期及中期一样。此外，家庭教养方式与高中生抑郁情绪亦有显著关联。

2.学校环境

心理学研究表明，学校环境对大学生心理健康具有显著影响。在学校环境与大学生心理健康的关系研究中发现，从师生之间的冲突性角度可以预测大学生的心理问题，即师生关系是否良好、是否存在明显的冲突对大学生的心理健康具有非常重要的影响。

另外，来自学习以及工作就业的压力也影响着大学生的心理健康。

3. 社会环境

社会环境就是指个体所处的社会政治环境、经济环境、法治环境、科学环境、文化环境等宏观方面。社会环境对个体的心理乃至人生的发展都有着十分重大的影响。狭义的社会环境仅仅指的是人类生活的显性环境，如家庭、工作、学习和其他集体性团体等。社会环境对个体的养成和发展起着十分重要的作用。与此同时，人类活动也深刻影响着社会环境，而人类本身也在适应和改造社会环境的过程中不断变化。

（三）早期经验以及个体重大成长经历

除自身和环境因素外，影响人的心理状态更直接的是自身与环境之间的交互作用，这主要表现为个体的早期经验以及重大成长经历。心理学中精神分析派的研究也在不断证实这一论断。

早期经验主要指个体从出生到三岁左右期间与主要养育者产生的关系和互动，它强调的是婴儿在与主要养育者互动中产生的感觉和体会。比如，一个粗心大意的养育者如果不能及时发现婴儿的需求，那么婴儿就会反复出现消极、负面的情绪，久而久之，婴儿就会把此种情绪转化为潜意识的感觉，并导致其成年后可能会产生心理疾病。重大的成长经历包含被抛弃、失去重要亲人以及其他可能会造成重大心理创伤的情形。

必须强调的是，以上影响大学生心理健康的因素不是互相平行地影响，而是不同程度地交互影响。

由里及表来说，影响大学生心理健康的最直接因素是其自身的生理和心理状态，其次是家庭层面的因素，再次是学校层面的因素，最外表的是社会层面的因素。这构成一个类似球形的体系，越是外部因素，其影响越间接，而经过内层处理后的影响则越直接。

三、促进大学生心理健康教育的途径和方法

（一）促进大学生心理健康教育的途径

大学生的心理健康教育要根据不同的时代、地区、环境以及不同院校的特点等具体情况选择适当的途径。

通常来说，大学生的心理健康教育既相对独立，又与对应院校主体的教育内容相融合、相对应，它也是学校主流教育的有益补充和守护者，在大学生的心理成长、个人发展、道德修养提升方面发挥着独特的引导作用。通常可供参考的心理健康教育途径有以下几种：

1.从新生入学起进行心理健康知识的宣传和普及

院校可通过报刊、新生会、入学教育等活动向学生讲解、传授心理健康基本知识。另外，学校还可以举办心理健康讲座，有针对性地介绍心理健康相关知识，使大学新生入学后能尽快融入和适应校园环境与生活，熟悉学习环境和人际关系，并学会基础的独立生活技能。通过这些活动，也能让大学新生了解自我、接纳自我，学会基本的自我心理调解方法，预防和解决未来可能出现的适应性心理问题。

2. 心理健康普查和测试

新生入学后，院校应为其进行全面的心理健康普查、建立档案，从心理健康角度关注和关爱每一个新生。学校还要对所有普查和测试的数据、结果进行存档，及时关心帮助需要给予心理关怀、帮助的重点学生，并建立健全相关制度，同时促进制度的落实和管理。

3. 开设心理健康课程

开设大学生心理健康教育的专门课程，这是由教育部领导、专家、学生管理部门、教师和学生经过多年实践形成的共识。高校心理健康课中的一门必修课是"学生心理健康教育"，这也是各专业的大学生学习心理学知识的基本渠道。目前，大学生心理健康教育课程在课程体系构建、内容选择、教学方法等方面也已逐步完善。更多的院校也已经按照需要开设使用专用教材、由专门的心理教师任教的规范化教学课程。另外，还有很多院校除心理健康必修课以外，还会举办有针对性的讲座来弥补课堂教学的不足；亦有的院校在其专业教学体系中增加了一定的心理学课程与心理健康教育课程作为补充，努力探索和完善学生心理健康教育课程的方式。

4. 第二课堂与社团活动

大学生在学校学习期间接受心理健康教育的根本目的在于提高他们的心理素质，在提升心理健康水平的同时帮助他们健康成长与发展。因此，除了课堂教学，院校通过营造良好的氛围潜移默化地影响学生和积极开展第二课堂就显得特别重要。第二课堂既包括学校的广播、报刊、黑板报等由学生自己组织的活动，也包含学生干部和骨干的专项培训。另外，学校协助学生组织的社团活动，特别是心理协会、心理委员、"朋辈"心理辅导会等都会对学生的自我教育起到非常大的影响，而学生自发组织的趣味运动会以及有关健康心理学的知识竞赛、文艺汇演等会使学生的心理健康教育活动更加多姿多彩。

5. 心理咨询服务

心理咨询服务通常是以门诊的形式来帮助学生解决个体心理问题，这份工作通常由具有一定的心理学专业背景或专业资格的人员来承担，如专业医师、心理学家、取得国家心理医师执业资格的心理咨询师、心理学专业教授等。咨询的地点一般在学校的心理咨询室或其他符合基础条件要求的场所，同时咨询场所还要注重保护个人隐私。由于是个体服务，所以心理咨询的范围也体现出个性化，它可以较全面具体地帮助学生分析、探讨并解决有关学习、性格、家庭、人际交往、职业规划、个人情绪、恋爱婚姻以及性心理等方面的个体心理问题。在咨询的过程中，咨询师可能会借助某些心理学技巧和技术、设备等。每个学校通常是按照自身条件来提供这些硬件设施，如心理测量表、心理学图片、家庭疗法使用的沙盘和沙具、生物反馈仪、音乐治疗仪，等等。所有设备、物品的配备都是为了让前来咨询的学生更加容易接受心理咨询，使咨询的流程更加顺利和轻松。负责咨询的心理老师有义务维护学生的利益，确保学生心灵不受到伤害，也有义务提升学生的心理健康水平。另外，学校向学生提供的校内心理咨询服务在原则上应该是免费的。

6. 其他途径

互联网技术的日新月异也让各种新媒体和新技术随之诞生，与原有的途径相结合，心理健康教育可利用的途径跟之前相比更加多样，大致包含书信、即时通信、音乐、电影、戏剧（心理剧）、网上咨询、心理行为训练、室外拓展等多个方面，各个院校通常是根据自身特点和条件有选择性地开展各种项目。当然，这些途径活动开展的重要条件之一就是必须由有专业资质的教师带领。

学校遇到可能的突发事件或心理健康方面的特殊情况时，可以用"请进来、走出去"的方法来处理，即邀请知名心理专家来学校协助处理相关的特殊问题或建议（带领）学生到社会上寻求心理援助，如寻求心理专科医院医生的帮助。

（二）促进大学生心理健康教育的方法

1. 实践法

（1）通过心理健康教育课程以及相关课程的课堂讲授，系统地给学生讲授心理健康相关知识，如"大学生心理卫生学""大学生心理学""社会心理学"等。学校还要举办定期的心理健康知识讲座，有目的性地宣传心理健康知识，如"新生心理适应""考试心理""如何走上社会——毕业生心理"等。心理训练实践课程开设的目的是训练学生心理行为，如"大学生行为指导"课程深受同学们的欢迎。

（2）通过学校的各种传媒普及心理健康知识，学校可利用大学生黑板报、校内交流刊物、广播、网络等宣传心理学知识，营造声势、扩大影响。

（3）学校应积极动员学生进行自我教育和自我保健，成立心理健康教育自助性组织，积极举办多姿多彩的心理健康教育活动，如心理健康教育周、大型心理咨询活动、各类宣传活动，包括校园情景剧比赛以及同龄人互助、同辈咨询等。

（4）学校还要做好积极的心理干预，建立健全三级保健网络，即班（学生保健员）、系（辅导员）、校（心理咨询中心），并定期培训学生保健员和辅导员，普及心理保健的知识，以积极的预防保健为主。

2. 调查法

（1）进行新生心理健康的普查，建立完善新生心理健康档案，掌握新生心理健康情况，以便为高校人才培养、德育工作提供依据，对特殊学生要持续跟踪和关爱。

（2）进行专题调研，为心理健康教育提供依据，例如"大学生心理健康现状调查""贫困生心理状况调查""大学生睡眠状况调查""优秀大学生心理健康调查"等等。

3. 访谈法

（1）学校要做好心理咨询工作，在帮助学生进行自我调解的同时，还可以建议心理压力大的学生通过心理咨询获得专业帮助，经过交谈、商学、指导、领会等来帮助学生达到援助目的，提高心理健康水平。心理咨询包括个体咨询、团体咨询等方式，学生可以根据需要进行必要的心理治疗。

（2）新生方面，在开展新生心理普查的基础上，邀请有关同学了解新生进校后的情况以及其他同学的情况，以便进行及时的帮助。

（3）学校还要走访年级辅导员、班主任，针对学生的普遍问题，采用开放式问答的方式举办小型的心理健康知识讲座，帮助每个学生共同成长。

心理健康教育有很多途径和方法，总之，学校要在实践的基础上进行不断地总结、完善、提高。

第四节 高校心理素质与心理健康教育模式构建

一、高校心理素质与心理健康教育模式构建原则

（一）系统性原则

大学生心理素质教育是一项系统工程。大学生心理健康课程的教学、心理咨询、心理素质教育活动、科学研究等方面相互结合、相互渗透。课堂教学中心理知识的系统学习和心理体验，使大学生能自觉关注个人心理发展，运用心理调节的理论和方法增进心理健康，减少心理问题的发生。而且课程教学增强了大学生的心理健康意识，他们为了自己的心理发展，也会主动寻求心理咨询。心理咨询中发现的学生们的共性问题成为心理健康课程和心理素质教育的重点，心理咨询中的案例为教学提供了大量的资料，使课堂教学更具针对性。

校园内外开展的心理素质教育活动既拓展了课堂教育的内容，也为课堂教学提供了广阔的实践平台。大学生心理健康的课程教学，心理健康教育活动的广泛开展，心理咨询的有效进行，提升了学生的心理素质，使学生拥有积极乐观的人生态度，有效地预防了心理危机。而心理危机预防干预工作的深入开展，更能增强大学生的心理健康意识，使同学们更自觉地参与各项教育、教学、咨询活动之中。

大学生心理素质教育的各项工作组合为一个有机联系的整体，而且课程教学、教育活动、心理咨询、科学研究等各项工作本身有其内在的规律性。每项工作的内在因素以及各项工作的配合，都是彼此有联系的。因此，精心设计、

认真扎实地做好每一项工作，并兼顾彼此之间的关系，才能搞好心理素质教育。

（二）主体性原则

高校心理素质与心理健康教育必须坚持以学生为主体的原则，主体性主要包括以下方面：

1.学生是心理健康教育的主体

学生是心理健康教育过程中的主体，是具有自我意识的人，而非被动接受教育的客体。心理素质教育过程是将心理健康的理论、方法转化为学生主体内部的心理品质的过程，即内化的过程。若缺乏内化的过程，再好的教育内容只是外在的存在。在以往的思想政治教育中，存在教育者视自己为教育主体，视学生为教育客体的现象。心理素质教育是让学生心理内化的过程，必须摒弃那种视自我为主体，学生为客体的教育观念，牢固确立以学生为主体的思想，研究和完善学生接受教育的内部机制。

2.尊重学生主体性

尊重学生的主体性，是尊重每一个学生作为独特生命个体的价值。由于每个学生先天的遗传和后天的生活背景、成长经历不同，每个人的性格都有其独特性。因此，我们在进行心理素质教育时，既要考虑他们的共性，也要考虑他们各自的差异，尊重他们的独特性。要努力做到兼顾共性和个性，而不是采用整齐划一的教育方式。尊重学生的主体性，还意味着教育者要保持开放的心态，多倾听学生的意见，不将自己的主观意愿强加给学生。

3.发挥学生主体作用

高校要信任学生，相信他们有自我成长的能力和创造力，充分发挥他们自身的积极性。无论在心理健康教育的课堂互动中，还是在心理健康教育的各项活动中，经常可以看到学生们惊人的领悟力和创造力。在心理咨询当中，也经常看到来访学生的自我转化能力。因此，高校要充分发挥学生的主体作用，调动学生的积极性。发挥学生的主体性，对教师的要求更高。要求教师激发学生的内在需求，研究学生的心理机制，调动学生自我教育的主动性和积极性。

（三）整体性原则

高校的心理素质教育并非针对少数有心理问题的学生，而是为了全体学生的心理健康发展。高校的培养目标是让每一个学生都成为全面发展的人，这就意味着让每一个学生都成为心理健康的人。因此，心理素质教育是为了全体学生的健康发展，而不仅是为了少数有心理问题的学生。有心理问题的学生固然要格外关心和关注，帮助他们身心健康发展，但是这并不是心理健康工作的全部。让每一个学生心中充满阳光，让每一个学生心理健康，是学校教育的职责，也是学校心理素质教育的目标。

因此，高校要全方位地开展心理素质教育，即要进行包括心理健康课程建设、心理健康教育活动、心理咨询等在内的各种教育。唯有致力于服务全体学生，对广大学生进行心理素质教育，才能使大学生拥有心理健康的理念，掌握心理调解的方法，提升心理健康水平，有效地预防心理障碍和心理疾病的发生。否则，不但影响教育目标的实现，而且会使有心理问题的学生数量逐渐增加，影响学生的健康发展。

（四）发展性原则

高校的心理素质教育是以促进学生心理健康的发展为目标，以积极心理学为指导，以发展为取向的心理素质教育。然而，一些学校的心理素质教育主要关注的是学生在学习生活中产生的问题和困惑，认为心理素质教育的主要内容就是解决心理问题。高校心理素质教育存在着以解决学生的心理问题为目标取向的情况，将心理素质教育的内容放在针对那些情绪困扰、行为失调、适应困难的个体心理咨询上，而对大学生群体的积极心理品质的发展性教育引导不足，对学生积极的心理体验和积极心理潜能的开发不够。

从大学生整体来看，绝大多数学生的心理是健康的。大学生出现的恋爱、就业心理冲突等，都是他们在成长发展中不可避免的矛盾，是他们成长过程中必然遇到的困惑。对于这些问题，不能仅仅被动地等待学生来寻求心理咨询，而应当通过全方位的教育、咨询，提升他们的自信，开发他们的心理潜能，促进他们的自我成长。

从理论上看，随着人类对自身认识的不断深入，人们更倾向于从积极的视角认识人性，从发展的取向促进人们的心理发展。因此，积极心理学成为当代心理学的最新发展趋势，倡导从积极的视野，以积极的心态重新解读心理现象，关注人类的健康、幸福与发展；关注人的潜力与创造力的发挥，帮助人们寻求和掌握获得幸福生活的方法与途径。

积极心理学也研究心理问题和疾病，只是它对心理疾病的治疗和预防有独到的见解。它更注重研究人性中的优点与价值，并采取更加科学的方法来挖掘人自身的潜质，激发人们的自信心，坚定人们生活的信念，帮助人们过健康、有效的人生。

在预防方面，积极心理学提出了积极预防的思想。它认为单纯地关注个体身上的弱点和缺点都不能产生有效的预防效果，而应通过发掘并专注于处于困境中的人的自身力量，系统地塑造各项能力，并培养出美好的品质，这样才能进行有效的预防。积极心理学的思想与高校培养目标是一致的。

当前高校心理素质教育应以积极心理学为指导，确定一个发展性的目标，培养学生自尊自信的自我形象、积极乐观的情绪情感、和谐友善的人际关系、成熟完善的人格。努力创造有利于其心理成长的环境，使个体最大化地发挥出潜能，促进自我关爱与自我成长。

二、高校心理素质教育与思想政治教育有机结合

心理素质教育和思想政治教育是高校培养大学生整体素质的两项重要工作，二者有着密不可分的联系。将心理素质教育与思想政治教育有机结合，既可以提高心理素质教育的效果，也能使思想政治教育更加深入。

（一）心理素质教育与思想政治教育的联系

心理素质教育与思想政治教育都是教育整体中有机的组成部分，二者在总体目标上是一致的，都是促进大学生的全面发展和健康成长，旨在培养高素质的人才，使大学生成为社会主义的合格建设者和可靠接班人。全面发展的人不仅是指有知识、有能力的人，还必须是具有社会责任感和历史使命感、拥有良好心理素养和适应能力及健全人格的人。这既是心理素质教育的终极目标，也是思想政治教育的最终目标，促进学生适应社会能力的发展，不断提高学生的素质。但是，心理素质教育和思想政治教育是从不同的侧面来影响人的全面发展的。二者在具体的教育目标、学科体系和教育内容上又有许多不同。

心理素质教育重点关注的是在心理层面个体的成长与潜能开发、人格的发展和完善。主要是帮助学生认识自己以及自己与社会的关系，发挥个人的潜能，更好地适应学校、家庭和社会。心理素质教育侧重于对学生个体良好心理素质的培养，其功能更多地体现在学生心理健康的发展性、预防性和矫正性方面。

心理素质教育的内容包括对学生进行心理指导、智力训练、情感教育、意志教育及人际关系指导，包括各种心理问题的咨询，比如学习、生活、工作、恋爱等方面；还包括各种心理危机干预等。心理素质教育解决的是心理健康发展问题，以健全受教育者的心智为宗旨，它只存在健康与否、正常与否的问题，不存在对与错、是与非的道德评价问题。

思想政治教育重点关注个体的思想层面，帮助学生树立科学的世界观、人生观和价值观，逐步提高大学生思想政治素质。思想政治教育是教育者根据一定的社会要求和受教育者的个体需要及身心发展的特点和规律，有目的、有计划、有系统地对受教育者施加影响，并通过受教育者积极主动地内化与外化，促进其形成一定的政治思想素质。思想政治教育使学生拥有坚定的理想信念和良好的道德规范，确立科学的世界观、人生观、价值观。

（二）心理素质教育与思想政治教育相辅相成

心理素质教育与思想政治教育的相辅相成是由心理素质和思想政治素质之间的关系决定的。首先，心理素质是思想政治素质的基础。因为心理素质是在先天的生理基础上形成的，是先天和后天的"合金"，相对比较稳固，而思想政治素质是后天培养的，要使思想政治素质稳固，就应当以心理素质为基础。其次，心理素质和思想政治素质相互渗透，即心理素质渗透在思想政治素质当中，思想政治素质中又含有心理素质。学生在接受思想政治教育时都离不开他们的认知、情感、意志，而思想政治教育也会促进他们认知、情感、意志的发展。

由于心理素质和思想政治素质之间的关系，决定了心理素质教育和思想政治教育在其内容上相互联系、相辅相成。高校在对学生进行思想政治教育时，要研究学生的心理发展特点和规律，激发学生的情感，由情感体验到认知内化，再转化为良好的行为表现，使他们成为有正确的理想信念和正确思想认识的人。而心理素质教育中也必然包括理想、信念、价值观的引导。从现实层面来看，在实践过程中，学生表现出的"思想"问题源于内在的心理原因，本质上是心理问题；有些表面上是心理问题，实际上也是思想认识的问题；许多表现出来的问题有内在的心理原因和思想原因。

因此，心理素质教育与思想政治教育紧密相连，在解决问题时，需要把两者结合起来，多角度分析和解决实践中遇到的问题，提高问题解决的针对性和实效性。心理素质教育与思想政治教育在解决问题上的交互作用也体现了两者在作用和效果上的相互促进，提高学生心理健康水平，有助于思想政治教育的落实，而学生正确的世界观、人生观的确立也可以促进心理素质教育的开展。

心理素质教育与思想政治教育在教育途径上是相通的。二者都要通过课程、集体活动、课外实践活动、家长配合等来实施。学生的某些心理问题只依靠心理素质教育的方法无法彻底解决，需要通过世界观、人生观和价值观的思想政治教育才能排除。学生的某些思想问题光靠思想政治教育也无法彻底解决，还必须依靠心理素质教育方式来协助解决。

心理素质教育与思想政治教育之间的关系是相互制约、相互促进的，因此，它们两者不可能完全分割开来。在具体的实施方法上可以互相借鉴，各展其长，相互配合，共同为培养学生成为具有良好思想品德和健全人格的人而努力。应该明确的是，思想政治教育与心理素质教育在不少方面存在相似之处及关联，且在实际教育工作中互相渗透、交织融合。因此，不能用思想政治教育来代替心理素质教育，也不能用心理素质教育来取代思想政治教育。

高校心理素质教育的主要内容包括向大学生普及心理科学知识，对其进行自我认知教育、情绪稳定教育、意志品质教育、个性健全教育、人际交往教育、积极适应教育等方面。在大学生的生活和学习中，通常会把心理问题和思想问题混合在一起，因此高校的教育须通过思想政治教育和心理素质教育的共同联合来解决大学生的综合问题。许多学生在形成心理问题之前，是因为缺乏正确的世界观、人生观和道德观的积极引领。例如，有些学生通常以自我为中心，不利于良好人际关系的有效构建；还有些大学生对人生的奋斗目标没有规划或缺乏具体的奋斗目标，从而陷入抑郁的状态等。因此，只有把思想政治教育和心理素质教育结合起来进行考虑，才可能有效地解决问题。

（三）心理素质教育与思想政治教育相互整合

高校开展心理素质教育，可以汲取思想政治教育的成功经验，使心理素质教育和思想政治教育有机整合，共同促进大学生的健康发展。

1.加强目标的相互渗透

高校心理素质教育与思想政治教育虽有一致的根本目标，但在具体目标上各有侧重。目标是行为的方向，要实现高校心理素质教育与思想政治教育的整合，要加强两者在目标上的相互渗透。学生的思想对行为具有指导作用，科学的世界观、人生观和价值观对大学生健康心理的形成和发展有重要的作用，是大学生心理健康发展的重要条件，学生的世界观、人生观和价值观指导着个体的行为。

因此，在心理素质教育过程中应注意培养学生正确的世界观、人生观和价值观，在思想政治教育过程中同时注意培养学生良好的个性特征和坚强的意志等。

2. 整合有效的教育形式

从教育方法层面而言，心理素质教育与思想政治教育在方法手段上有共通之处，应在共同的基础上充分发挥二者优势。在实施的过程中注重方式的相互渗透和有机整合。心理素质教育在注重个体教育的同时，也要选择恰当的时机进行心理健康知识的普及教育。在心理素质教育过程中也可引用思想政治教育的一些方法，来提高心理素质教育的实效。

三、高校心理素质与心理健康教育模式的保障

（一）制度建设保障

培养学生良好的心理素质是学校培养现代化人才目标的要求，亦是学生成才发展的需要。因此，高校领导应当进一步提高认识，切实加强对高校大学生的心理健康教育，高度重视心理素质教育工作，完善工作机制，促使各部门形成合力，将提升大学生心理素质的工作落到实处。

制度建设是心理素质教育实施的制度保障。学校领导要建立和完善相应的

制度，如心理素质教育工作的规章制度、师资队伍建设制度、危机预防及干预制度等，将心理健康教育工作纳入学校日常工作中去，使学校的心理素质教育规范化、制度化。通过制度的有效实施，加大心理健康课程建设力度，为担任心理健康课程的专兼职教师提供良好的政策支持；加强心理危机的筛查、危机预防及干预工作，重视对院系教师进行心理危机培训，注重发挥全体教师在心理危机干预及预防中的作用等。通过建立与完善相应的制度，及时了解学生的心理健康状况，了解各院系的心理健康教育工作效果，为做好心理健康教育工作提供制度保障。

为了更好地落实心理素质教育工作，学校心理素质教育工作领导小组要加强对学校各部门心理素质教育工作的督导评估，及时发现心理素质教育工作落实过程中遇到的问题，并每年在学校党委常委会、校长办公会上专题研究心理素质教育工作，解决存在的突出问题。

（二）队伍建设保障

为了保障高校心理素质教育工作的可持续发展，需要建立一支高素质、有能力的心理素质教育工作队伍，不断加强高校心理健康教育的师资队伍建设，主要包括以下方面：

1. 配备专职教师

心理健康教育工作是一项科学性、专业性较强的工作，必须由具备较强专业能力的专职教师来承担。学校要设置心理素质教育教师岗，解决心理素质教育教师的编制问题。

2. 保障教师专业化发展

由于学校心理咨询中心大多隶属于学生处，部分学校的心理素质教育教师属于行政编制，评职称只能走行政系列，这不利于心理素质教育教师的专业发展和他们获得职业归属感。因此，有必要将专职教师纳入思想政治教育专业技术职务系列，根据工作特点制定相应的评聘标准，科学设置专业技术职务结构比例，为教师队伍持续发展和提升创造条件。

3. 加强教师专业培训

为提升心理健康教育效果，有必要建立一支由专职教师、心理学相关专业教师、校外相关专家以及各院系负责学生心理工作的辅导员所组成的专兼职教师团队。学校要创造条件为教师提供参与专业培训或研讨会的机会，使专兼职教师能够根据心理健康教育工作的需要及自己的实际需求接受不同类型的培训，获得不断提升自我、学习充电的机会，从而培养一支既有较高心理健康教育专业知识，又有较强科研能力或心理辅导经验的专兼职教师队伍。

学校要定期召开专兼职教师的心理素质教育工作交流会，及时总结推广各院系的好经验、好做法，或围绕教师们在工作实践中遇到的困扰进行讨论和分享，不断提升心理健康教育工作的水平，从而提升广大学生的心理健康水平。

（三）整体协调保障

学校要加强工作统筹，将心理素质教育纳入高校人才培养体系，与大学生思想政治教育、文化素质教育相融合，努力把工作做深、做细、做实，增强心理健康教育效果。

1. 深度开展辅导工作

充分发挥院系辅导员、班主任的作用，对学生开展深入细致的访谈工作，形成全面覆盖、重点精细处理的工作网络，确保每名学生每年至少得到一次有针对性的深度辅导，为学生健康成长成才提供良好的服务。教师在进行访谈工作时，要了解学生当前的学习、思想及心理健康状况，精心设计访谈主题和目标，根据学生的性格特点，选取合适的交流方式有针对性地与学生谈心。通过深入访谈，解决学生的心理困扰，帮助学生解决学习生活中遇到的困难，及时发现学生存在的问题。

2. 解决客观现实问题

人的心理是客观现实的反映。大学生在学习和生活中，如果不能适应，遇到学业压力大、就业困难等问题，且自身缺乏足够能力去解决时，就会产生心理波动和情绪困扰。如果大学生存在人生目标缺失、没有上进心等问题时，会出现学业发展不顺利、求职就业困难、人际关系不良等情形，进而产生心理困扰。由此可见，生活中的实际困难、思想问题与心理困扰之间密切相关，均会影响大学生的心理健康。

因此，学生工作教师要努力帮助学生解决实际困难，如扎实开展深度辅导和学业辅导工作，提升学生的学习能力；做好学生资助工作，切实减轻大学生的经济困难；开展就业指导服务，为大学生提供更多的就业机会和就业信息等，以解决学生存在的实际困难和问题。建立校领导接待日制度，经常召开各种学生代表座谈会，及时发现和解决学生遇到的各种问题。解决学生的思想问题，充分利用大学生的党课、班级主题活动等机会，发挥党员学生、班干部的积极带头作用，发挥班级心理委员的朋辈辅导作用，利用学生的积极力量去帮助学生，从而实现共同成长。

3. 充分整合教育资源

完善全员参与的工作体系，加强统筹，充分发挥学校各方力量，形成心理素质教育的合力。

第一，辅导员、班主任是心理素质教育的骨干力量，要主动开展工作，对有心理困扰的学生进行疏导，或者建议学生去心理咨询中心接受心理咨询，及时筛查心理危机。第二，发挥任课教师的育人作用，关心学生的心理健康，重视学生的心灵成长。第三，充分发挥心理骨干的作用，开展院系、班级、宿舍的心理知识宣传和心理危机排查工作，形成心理危机预防及干预工作网络。第四，完善专任教师、管理干部、后勤人员参与心理素质教育的工作机制，形成人人关注学生心理健康的生态环境。

（四）物质条件保障

心理健康教育的开展离不开必备的物质条件保障，主要包括以下方面：心理咨询室的硬件与软件保障、心理健康教育工作的经费保障等。

1. 心理咨询室的硬件保障

心理咨询中心的硬件建设包括场地建设、环境要求、基础设施等。各高校根据自己工作中的实际需求配备基本的设施及仪器，有必要对高校心理咨询中心建设设置标准，规范心理咨询中心的建设工作。一方面，心理咨询中心应有专用场地，选址适当，心理咨询室的使用面积要与在校生人数相匹配，根据各校实际情况设置个体、团体心理咨询区等。此外，心理咨询室的周围环境应整洁、幽雅，内部环境温馨、舒适，给予来访者充分的安全感。另一方面，心理咨询室要配备电脑、录音笔、电话机、摄像设备、隔音设备等基础设备，以及根据需要配备音乐治疗椅等心理学硬件设备。

2. 心理咨询室的软件保障

（1）心理咨询室要配备科学的心理测评系统和档案管理软件，建立学生心理健康信息库及心理危机信息库，动态监控学生心理健康状况的变化，以便及时帮助有心理困扰及陷于心理危机的学生提供帮助。心理咨询中心要有规范的档案管理制度及配套软件，以便对心理咨询面谈记录、热线咨询记录、心理危机信息库及危机干预记录、心理咨询效果反馈等档案资料进行及时整理归档。

（2）教育行政部门应明确规定心理咨询教师的任职资格。为推动高校专职心理素质教育教师队伍的科学化和专业化发展，教育行政部门要针对心理素质教育教师制定从业标准和资格认定标准，包括从基本资质、人格特质、专业基础、基本技能等方面进行评定，对已经从业的心理素质教育教师进行初级、中级和高级资格认定，从而建设一支高素质的高校专职心理素质教育教师队伍，保障高校心理素质教育工作的顺利开展。

3. 心理健康教育的经费保障

学校要落实各项工作条件与保障，逐年增加心理健康教育专项资金，统筹继续教育经费，支持教师心理健康教育培训和学校心理辅导师认证培训等。此外，教育行政部门可以按时对各高校的心理素质教育经费进行审核评估，以确保经费专款专用。

第二章 大学生心理健康教育理论基础

第一节 生命哲学理论

生命哲学在 19 世纪末至 20 世纪初盛行，叔本华、尼采、柏格森和狄尔泰等促使生命哲学理论由产生逐渐走向成熟。

叔本华的哲学主题是意志哲学，他用非理性的意志取代了传统哲学中的理性，他的意志哲学中包含了对人的本质的认识以及对生命的重新理解。其一，意志是人的真正本质，体现在人的自由活动和盲目的自然力中。意志作为生命内部自发盲目的冲动之力，体现了生命的活力感。生命本身就是意志，意志在个体生命中表现为欲望。意志推动力的结果使个体总是在欲求不满的痛苦和欲望满足的无聊之间摇摆，呈现出毫无意义的重复和失望。叔本华的生命价值的最终图景，以生命中苦难对幸福的绝对优势为中心。其二，叔本华虽然对生命的力量给予了肯定，但他哲学理论中的矛盾性——从肯定生命意志走向了否定生命意志，为其生命哲学理论蒙上了浓厚的悲观色彩。

尼采认为，生命就是一种强力意志。正如叔本华只承认"否定生命"这个唯一绝对的价值，尼采也同样只承认"生命"这个价值。尼采的价值原则是对人类的自我扩张以及人类可能达到的发展高度充满狂热信心。强力意志就是对这种价值理论的集中体现。将这种强力意志的特征抽象化，可理解为一个人的绝对高度是由他的相对高度决定的。尼采生命哲学的最高目标是自我认识，而生命的概念是为这个目标服务的。他的生命观充满了对生命的乐观和积极之感。其一，生命的增长是持续力量的增长，这些力量不可避免地要指向环境、利用环境、把环境引入自身之中并控制环境。其二，生命意味着"活着"，为了更久地活着，这种强力意志不断自我扩张。其三，生命体现为一种力量，按照自己的形式积聚力量去战斗，消耗自己及他人的强力。其四，生命自身包含了一切目标和价值，生命总是处于自身征服自身的不断上升的过程，人们总是在生命更高的阶段中去追求自我。其五，传统道德具有反生命的内在本质，要重建传统道德，使其遵循生命的内在要求并有助于生命冲动的释放。

柏格森的哲学是完全意义上的生命哲学。在柏格森的眼里，生命既具有世界观，也代表了一种信念。柏格森关于生命的主要哲学观点如下：其一，生命体现在所有生命体中，生命力是永恒和连绵不断的。其二，真正的时间不是物理的时间，而是"绵延"（柏格森用"绵延"称呼生命），它是生命的永恒流动，不可切割和划分。其三，绵延存在于生命意识的深层。柏格森区分了两种自我，即表层自我和深层自我，深层自我的这种纯粹意识状态正是绵延。绵延是一种表达生命冲动的力量。其四，自我在深层中之所以会有绵延的性质，是因为人有记忆，这种纯粹的记忆是生命自发的活动，生命在记忆中得以延续，记忆保持绵延的连续性。其五，绵延本身具有多重含义，既指生命冲动，也指真正的时间，更指深层的自我。其六，用直觉去接近处于绵延中的深层自我。直觉不是神秘的先验能力而是一种哲学方法，它是一种将自身与认知对象融为一体的认知，直觉按照绵延去行动和思考，去看待世界，进而把握生命的生成、流动和流动的永恒性。

狄尔泰哲学的核心概念是生命，而生命概念的核心要素是时间性、关联统一性、历史性。生命是人们每时每刻都在经历、既熟悉亲切又陌生困惑的东西。狄尔泰一再强调，生命是哲学的出发点。他认为，生命包含着多重深刻的含义，具体如下：其一，生命既指个体人的生命，也指人类共同的生命。虽然人的生命是一个"生理—心理"的统一体，但生命的真正本质是精神。生命只有在精神世界里才能获得价值、目的和意义。其二，生命是一种以时间性为基本特征的流程。在生命身上发生的时间，是和活生生的生命紧密相连的具体的和现实的时间，生命通过对时间的体验来把握时间。其三，在时间流动中的生命构成一种关联统一体。个体生命本身是一种知、情、意统一体的关联。生命是一种结构性的关联存在，可以无止境地还原为部分与整体的关系。生命是一种处在作用关系中的效用关联，这种关联性使生命成为体验、表达和理解的内在根据。其四人类的共同生命是一种历史的存在。真实的生命是需要通过历史来证明的，历史是生命的表达。

第二节　积极心理学理论

一、积极的主观体验

积极的主观体验包括愉悦、积极体验和幸福感等。愉悦是指一些主观的积极心理状态，原始的愉悦感是与身体器官产生的感觉冲动相关联的。高级愉悦能帮助人们建构和巩固心理技能以适应未来的生活。良好的心境体验能够使我们的生活充实而富有意义。

积极情绪包括高兴、感兴趣、感到满足和爱意等，其作用表现在未来能够指引人们参与增强行为和认知能力的活动。积极的情感是指能够体验积极情绪的能力，心理学家保罗·米尔称之为享乐能力。他指出，这种能力是与生俱来且较为稳定的个人能力，具有个体差异性。享乐能力与人格特质的外倾性密切相关。调查发现，积极情感和消极情感能够在数周、数月、数年甚至是几十年都保持高度稳定性。积极情感在那些性格外向的男女身上更容易被观察到，他们往往是社会活跃度高的人，拥有更多朋友，会参加更多社会活动。戴维德·华森认为，如果我们希望改善我们习惯性的心境状态，我们应该把注意力放在行动上而非想法上。我们应该享受在追求目标过程中所获得的满足感和愉悦感。这种在追求过程中产生的积极情感要比真正达到目标时的情感还要强烈。

塞利格曼的研究结果表明，愉悦感、对有意义生活的追求、对投入的追求以及对成功的追求能让人更幸福。愉悦感是幸福感的一部分。享乐主义理论认为，幸福的生活就是美好感觉（愉悦感）最大化，同时将不良感觉（痛苦）最小化。在现代西方社会，追求愉悦被广泛接受和认可。然而，生活中存在一种发展悖论，即当我们积累了更多客观物质的同时，我们也丧失了更多精神上的珍贵意义。与幸福主义相比享乐主义并不能够带来长期的幸福感。幸福主义学说认为，想要获得真正的幸福，必须去发现自我的优点，并进行充分发挥，用毕生去实现自己的价值。客观目录理论则认为，世界上真的存在有真正价值的事物，而幸福就是要追求这些事物，如免除疾患、物质享受、职业成功、友情牢固、儿女孝顺等。在现代社会，对有意义生活的追求得到了广泛的认可。另有一些研究表明，以追求有意义的生活带来幸福感为目标并付诸行动的人，要比以追求愉悦感为目标的人生活满意度更高。对投入的追求也是通往幸福的途径之一。酣畅感可以用来形容全身心投入工作时的一种体验，是伴随高度投入的活动所产生的心理状态。在技巧和挑战达到最佳平衡时，酣畅感最有可能出现，它代表着人与环境的统一。追求幸福生活的过程中不时会产生酣畅感。追求成功是另外一种通向幸福的途径。成功对大多数人而言非常重要。一些人坚持不懈地参与竞争，用优异的成绩去证明自己并争取自身的福利。追求成功与否与生活满意度高低存在相关关系。

二、积极的个人特质

积极的个人特质包括积极的思维、积极的个性力量，如价值、兴趣、能力、成就和健康等，而积极的思维包括乐观和希望。玛格丽特·马勒等对思维进行研究后认为，积极或消极的思维都是组织思维内容和指导认知过程的普遍方式。我们普遍认为周围的人都生活在"快乐岛"上，这种积极的选择思想被称为盲目乐观原理，即在思维过程中愉悦占有控制性的地位。乐观是人类本质的内在组成部分，或被称颂、或被谴责。早期研究者们将乐观认定为负面和消极的，认为乐观会延长人类所遭受的痛苦，不如直接面对现实的残酷。弗洛伊德认为，乐观广泛存在但却是虚幻的，乐观可以帮助人们实现文明，但主张人们为了社会文明去牺牲自己的必需品。后来，谢利·泰勒等对积极幻觉的研究扭转了人们对乐观主义的认识。这一研究认为，人们在普遍情况下都有积极的倾向，普遍存在的认为自己处在最好状态中的倾向是健康的标志之一。谢里·特克更是认为，乐观是人类作为一个物种的生物学特征之一，强调乐观是人们最具标志性和适应性的特点之一。他提出了乐观推动人类进化的假设：容易思考、容易学习和容易被取悦是持当代进化论的心理学家所描述的"进化的心理机制"。

人类本质学说所呈现的是基本的乐观，这种乐观的特质在某些人身上可能多一些，在另一些人身上又可能少一些。乐观是人类差异的一个特征。大多数研究认为，乐观就是一种泛化了的期望，能够影响包括学习在内的心理过程。乐观是一种人格特质。迈克尔·斯洛特等在一项关于一种人格变量的研究中提出"气质性乐观"，即普遍期望未来会出现很多美好的事情，很少会出现不好的事情。他们通过研究找出人们追求目标的方式，并将之定义为期望价值。他们认为，所有现实的人类活动都能以目标的形式存在，人们的行为就是在验证和采纳这些目标，并根据这些目标来规范行动。这种理论被称为"自我调节模式"。当人们发现在追求自己所采纳目标的过程中遇到阻力的时候，就会在自我调节模式里加入乐观的成分。乐观能够带来持久动力使之达到目标。

用外在的、不稳定的以及特定的原因对事物进行解释被称为乐观的解释风格。用内在的、稳定的和普遍存在的原因进行解释被称为悲观的解释风格。有乐观解释风格的人很少患有身体疾病、出现抑郁或自杀倾向。乐观可以分为不同的层次，即大乐观和小乐观。大乐观可能具有天生的倾向，同时受到文化的影响，而具有能够被社会所接受的内容。大乐观可能会因为激情和韧劲导致显著的以及不特定的预期积极结果。小乐观包含了对积极结果的特定预期，可能是由一种特殊的学习经历导致的。小乐观可能会提前设置特定的行为来适应既定的环境条件。希望是一个和乐观密切相关的概念，包括路径和动因两个因素：路径是指达到目标的计划；动因沿着路径推动，反映了人们对目标能够实现的决心。

积极的个性力量也被称为良好的性格。良好的性格是一系列积极素质的综合体，其特点包括洞察力及团队合作精神、善良和充满希望等，这些特点都被称为性格力量因子。性格力量因子原则上是各不相同的，在某种意义上具有特质性和个体差异性，但其稳定性和普遍性较差。良好的性格及其构成因素都是在道德层面上受到推崇的。在全世界范围内，被广泛认同和称颂的美德包括智慧、勇气、人道主义、节制和卓越等。行动价值协会对性格力量和美德进行了分类，认为性格力量有六大类，共24种：一、认知力量，包括创造性、好奇心、热爱学习、思想开放、洞察力。二、矫正性力量，包括实在性、勇敢、坚持、热情。三、人道主义力量，包括善良、爱、社会智慧。四、公正力量，包括正直、领导力、团队合作精神。五、节制力量，包括原谅或怜悯、谦卑或虚心、审慎、自我调节。六、卓越性力量，包括对美和优点的欣赏、感激、希望、幽默、虔诚或灵性。

价值是一种相对正确的目标以及对某些目标的稳定性信念，它由个体持有或集体成员所共同持有，涉及期望目标的信念。价值超越特定的环境，指导我们选择行动，评价他人和自我，并且根据相对重要性进行排序。美好的生活就是去表明并追求我们所崇尚的价值，价值有助于美好生活的实现。对个体而言，价值不仅仅意味着行动的目标，而且是评价目标的标准。价值是富有表现力的，其最终功能是为我们行为和思想提供满足感。价值观具有社会功能，同一集体中的人们表现出相同的价值观，这可以有效地规范集体内部的行为。集体价值观可以帮助人们去评价以及了解如何对待其他的集体。价值观经常被绝大多数人视为积极的，而且绝大多数人都拥有多种价值观构成的价值体系。斯瓦茨等研究者发现，人类普遍的价值结构包括十种，即成就、善心、遵从、享乐、力量、安全、自我指导、刺激、传统、普遍性。

兴趣可以引导人们花时间去努力发展某一项能力，它包括休闲的兴趣、学习的兴趣、工作的兴趣三大类。休闲兴趣是指娱乐活动，其花费时间是生活满意度的指标之一。学习的兴趣是对某个领域有更深层次的智力和情感投入，即发展成熟的个人爱好。工作的兴趣，也称为职业兴趣，当一个人的性格类型跟他的职业要求相匹配时，职业满意度会很高。人们实际上拥有成千上万种能力。霍华德·加德纳认为，人的能力具有多重性，这些能力可以看作一系列问题的解决技巧，使个体能很好地去克服困难。兴趣和能力如果能够坚持，就会使人取得成就。人们必须在合适的位置和合适的时间才能取得富有影响力的成就。

健康是一种生理、心理和社会上的圆满状态，包括生理健康和心理健康。积极心理学认为，获得生理健康没有捷径，唯有保持健康的生活方式，如合理饮食、经常锻炼、不吸烟、保持良好人际关系、积极参加社会活动等。保持愉快心情和心理成熟度，富有心理弹性，有助于促进心理健康。

三、积极的机构

积极的机构包括积极的人际关系和授权机构。积极心理学认为，人人都渴望温暖、积极而有意义的人际关系，美好生活的所有方面都是与良好的人际关系相关联，良好的人际关系是生活满意度和情绪健康的最重要的来源。婴儿期的安全依恋模式具有终生影响力，为一个人一生良好人际关系奠定基础，让他在今后的人际关系中开朗活泼，有自信和自尊。积极的人际关系类型主要有从属关系、喜欢、友谊、爱等。积极的授权机构包括政府、企业等。授权是指声明需要采取的行动，授权机构在人们构建和创造美好生活过程中起到积极作用。授权机构的积极特质，如美德等，不仅有助于机构达到其既定的目标，而且有助于机构成员达到自我实现的目的。其他如家庭、学校、工作场所等环境，也可能会对人们构建美好生活产生影响：家庭是社会中非常重要的单位，权威性的家庭教养方式和父母对儿童所表达的爱，会对儿童的社会性发展产生重要的影响。良好的学校教育是生命的产业，有助于学生形成道德成就感，好学校能够帮助学生成为高效的终身学习者。良好的工作场所能够给人们提供最重要的自我角色，责任驱动型或平衡型员工对工作的满意度最高。

第三节　大学生心理发展向量理论

一、发展能力向量

奇克林把能力比作一个具有三个尖端的干草权。这三个尖端分别为智力能力、体能和手工技能以及社会和人际交往能力，能力感是叉子的手柄。智力能力是大多数教育机构致力培养的能力；体能和手工技能不仅对大学生重要，对同龄的非大学生也非常重要，因为它们具有一定的创造性价值；社会和人际交往能力是大学生需要重点发展的能力之一。

能力发展中最重要的部分是能力感。一个人的能力感与现实中他的能力有一定的关系。一个人真实可靠的安全感取决于其能够解决或应对生命问题的能力，也取决于其在时间的流逝中保持镇静的能力。因此，智力能力、体能和手工技能以及社会和人际交往能力的培养是很重要的。这种不断增加的对自己能力的信任会使一个人在学习和发展中采取更开放、更积极的行动，他会更乐意在困难的任务中坚持，因为成功似乎是可以实现的。

1. 智力能力

多次测量研究发现，大学生在一般信息、一般智力和敏锐的思维能力等方面的得分在不断增加。大学生在某一特定领域或学科的学习会带来知识的增长，虽然这种增长是暂时的。一个关于大一到大四的变化的研究表明，大学生的批判思维能力有显著性提高，其在大一期间变化最大。在有关社会科学、人类学、自然科学等方面的阅读和写作，以及社会科学和科学推理方面的批判思维能力测试中，大学生智力能力在大学生活前两年的增长大于后两年。

2. 体能和手工技能

对于一些人来说，这些技能及其提升可能成为一种职业，而对于更多的人来说，它们仅仅是一种业余爱好，可以让生活更加丰富多彩。对于另外一些人来说，它们变成了偶尔的自我满足或身份象征的来源。实验心理学家鲍尔通过研究青春期的男孩发现，名气和智力、身高、家庭背景、学习成绩没有关联，而是很大程度上与力量和身体技能有关。他观察到这种联系的发生不仅仅是因为青少年很注重体育的熟练程度，也是因为力量和身体能力的其他方面与一些优秀的品德相联系，如活跃性、进取心和领导能力等。在一定程度上，自我认可的能力被认为是进取心的体现。

3. 社会和人际交往能力

大学生需要发展人际交往能力。在个案记录中发现，大学生意识到作为团体合作中的一部分，一个人表达自己的同时，也要学会倾听；在领导的同时也要学会跟随；要理解他人的考虑和动机；根据不断变化的环境的需要改变自己的角色；避免过分地把自己的观点强加于人。

能力发展的这三个方面不仅是相互联系的（若其中的某个部分发展较弱或缺失，它的实用性就会减少），而且也应该相对独立、均衡地发展。每一种能力都会因为一系列不同的条件和体验而得到发展或被阻碍，只发展一种能力可能促进或阻碍另一种能力的发展。

二、发展自治向量

该向量也被称为从自立向相互依赖发展向量或成熟的独立向量。自治向量由以下三个成分组成：

一是情感独立的发展。在这一发展期间，大学生对其与同龄人和自己喜欢的成年人之间的人际关系会提供短暂的情感支持。儿童早期的信赖来自父母强人的、可以信赖的指导，但这导致他们不能获得关于他们弱点和错误的情感增长。因此，怀疑、焦虑、愤怒等情绪出现，信赖转移到了同辈群体、非父母式的成人、职业性和公共鉴定团体。这时，他们较少需要父母的支持，宁愿冒着失去朋友、失去认同、失去地位的风险去追求一种强烈的兴趣或者坚持一种重要的信念。一系列的研究表明，大学生情感独立的大多数变化发生在大学的前两年。情感的独立表现在对同龄人和惯例的依赖的减少，情感独立的人能更加开放地去接受所有可供选择的机会。当其与父母和同龄人之间的关系向着相互尊重和相互帮助发展时，他会意识到自己和他人的优缺点，通过距离维持双方都满意的关系，这个向量上的成熟就出现了。

二是辅助性独立的发展。它有两个组成部分：一个是组织活动和独自解决问题的能力。机智的大学生能够逐步实现自己的目标，因为他知道在何时需要帮助以及如何得到帮助，知道如何充分利用可获得的资源。另一个是实现个人需求和愿望时流动的能力，即离开某个地方去往另一个地方，摆脱不好处境、抵达更好环境的能力。无目的地和约束的旅行以及食宿安排计划中的疏忽等都可以发展自由流动的能力。在大学里，自治的发展可能不会全部完成，这主要是因为大学生们缺乏能够向自己显示自给自足能力的机会，也因为满足学习和发展需要的自由移动被限制了。当一个人对自己能够独立完成生活中的大多数任务的信心和能力增强时，或一个人能够离开一个地方，去另外一个值得去的地方时，辅助性独立的发展就发生了。情感独立和辅助性独立是相互制约、相互促进的。一个向量没有发生变化，另一个向量的变化会受到限制。这两个向量逐渐终结于对相互依赖的认同，与此同时，一个人对自己在各种领域必须付出与收获的认识逐渐清晰。

三是成熟的依赖，或者说对相互依赖的认可和接纳。它是自治发展的顶点。对于大学生来说，这种成熟依赖意味着他意识到，只有获得父母的认可才不会付出持久的痛苦，只有工作才能获得持续的支持，只有对社会作出贡献才能享受社会福利，爱和被爱是相互补充的。相互依赖的大学生被认为是温和的、友善的、合群的，他能够意识到他对某件事物的责任感。

三、管理情感向量

不断增强的情感意识以及有效管理它们的能力是大学生情感达到全面丰富与发展的中心发展任务。控制能力的发展仅仅是情感管理的一部分任务，控制意味着管理、支配和掌控情感。大学生管理情感的首要任务就是认知情感并更加信任它们，要认识到它们可为期望的行为和对未来计划的决定提供相关的知识。当大学生获得灵活的情感控制能力时，他相信自己能够控制情感，相信自己在不同场合进行不同的情感表达时能够更清晰地感觉到结果。有研究表明，大学生对情感的意识在不断增长，情感意识的增长与语言和行为表达自由的增加有关。

进入大学后，为变得成熟，大学生必须发展新的方法和技巧来化解愤怒和敌意。许多研究报告指出，情感的管理主要是自我控制问题，而控制可能以一种不被认可的方式或者不被预期的强度表达出来，引发意想不到的后果。

大学生有两种主要的冲动需要管理，即敌对行为和性欲。大学生已经性成熟，对攻击性和性冲动的意识逐渐增加，性本能比以前更持续，需要进行更广泛的调整。通过充分体验更大范围的感情，大学生将习得新的和更有用的情感表达和情感控制模式。大学生管理冲动的首要任务就是减少来自早年的压抑以及仔细观察事件与反应之间的复现模式。习惯性的反应被认可之后，自我控制才能获得。随着控制被重新构建，情感管理将直接影响到目标、态度、价值观以及重要的未来计划的构建。

四、建立同一性向量

同一性的发展部分取决于前面已经提到的一些向量，如能力、情感和自治，但它又不只是在这些向量领域里变化的简单集合。同一性的发展与生理需要、性格和外貌的概念清晰化以及性别身份、性别角色和行为的清晰化密切相关。

一旦大学生获得身份认同，一种固定的身份意识就会促使其他发展向量发生变化，即成熟的人际关系、目标以及信仰的发展。

大学生不断增加的自我意识有两个基本成分，即对身体和外貌的概念以及清晰的性别鉴定。在大学期间，这两个基本成分可能会形成同一性发展的模式。在这方面比较突出的大学生知道他们想成为什么样的人，有平衡性和远瞻性。他们倾向于以系统有序的价值观全面地看待事物，能够鉴别出哪些对他们更重要，了解自己的优势和不足。他们对学业、未来职业、婚姻、家庭生活中出现的问题能够相对轻松应对。并不是说他们不存在或者已经完全解决了这些问题，只是他们对这些事情的焦虑水平相对较低，应对这些现实问题的舒适度相对较高、自信心相对较强。大学生向成熟的转变已经开始，随着高级阶段学习的迫近以及毕业的临近，他们正在向更高水平的个人结构和同化迈进。不断增加的自我同一性在潜意识下被当作良好的心理状态来体验，如一种灵魂找到归属的感觉、一种知道去向何方的感觉、一种有预感地被他人认可的内在自信等。稳固的自我意识被能力、情感和自治等发展性任务所取代，伴随着某种成功而开始发展。这种自我意识，由于变得越来越稳固，为人际关系、目标和信仰提供了发展框架。

摆脱焦虑和压力、丰富的经历和角色扮演以及有意义的成就，这三个基本条件促进了同一性发展。随着经验的丰富而不断增长的内心资本构成了自我，一个自我感知的实体。这是一种更完满、更丰富的构造，是身体感官、情感、体貌、名字和记忆连续性的融合，是大量不断增长的、对他人的语言和行为进行的社会判断。

五、发展成熟的人际关系向量

同一性会使大学生人际关系更自由，正如怀特所描述，人际关系会变得更少焦虑，更少对抗，对过去不恰当行为更少负担感，变得更友好、更自发、更热情，以及更多尊重。这方面的发展与人际交往能力不同。人际交往能力涉及学习管理自己和其他人完成任务时的合作努力；人际关系能力涉及培养对更广泛社会群体的包容或忍耐力。人际关系的成熟包括两个不同的方面：

1. 对来自不同背景，有着不同习惯、价值观和外表的人更加包容和尊敬

这里的包容指的是能够接受多样性，这样的包容既能够允许大学生扩大对自身的敏感性，也能提供更多令人满意的交流和亲密持久的友情选择。还有一种不常被提到的包容，就是对表现出特殊癖好的人和遭受短暂或长期情绪困扰的人的包容。一个大学生能获得更多对精神异常学生的看法，能够对更广泛的条件导致的差异进行更大范围的分享，他就能够更自由地与他人交往，从而拥有更多的令人满意的友好关系。普莱斯和罗宾汉在 1944 年关于受欢迎的性格特征研究中发现，大四学生将包容性列在首位。韦伯斯特、弗瑞德曼和海斯特在 1962 年的研究中发现，与大一新生相比，大四学生变得更加灵活和更加宽容。此外，相关研究还发现，大学生的包容性不仅在提高，而且提高的程度与读大学的时间成正相关，读了四年大学的学生比读了两年大学的学生改变得更多，读了两年大学的学生比没读过大学的同龄人改变得更多。尽管这样的变化显然发生在所有年轻人中，但是读大学似乎扩大或者说加速了这种变化。除了变得更加包容，大学生与同龄人或成年人灵活相处的能力也在提高。包容性的提高

有利于提高大学生与他人的相处能力，有利于个人潜能的提升和生命活力的释放。

2. 与亲密的人（如好朋友等）之间关系质量变化

亲密友情的转变是脱离依赖，并向着相互依赖的方向发展，这种相互依赖能够给人创造更大的个人空间，使更大范围的行动自由成为可能。这样的友情更具有稳定和信任的特征，拥有这样友情的大学生即使在长时间的分离后会迅速恢复之前的亲密关系。埃里克森认为，处在青春期晚期的青少年需要与他人实现本质的融合。对这种融合的追求既发生在同性之间也发生在异性之间。亲密的异性关系都伴随着肢体表达，对于多数人来说，亲吻和爱抚等能满足自我和另一半的相互探索需求。亲密的关系最初是为自我探索和自我定义服务的，肢体上的亲密和性关系是进一步探索和自我定义的一个领域。肢体上的亲密扮演着很重要的角色，但其前提是对一个人的尊重、承诺以及爱。奇克林通过研究发现，在大学生涯后期，亲密关系的模式发生了转变，尽管不论是同性还是异性之间人际关系的纽带更坚固，但他们在很大程度上会变得疏远一些。情侣们不必再搂着或牵着手走，在公众场合亲吻等表达迷恋和喜欢的方式以及相互支持的承诺和保证都不再必要。在这一阶段，他们可能会分开度假，但关系仍得到维持。亲密关系特点上的这些转变可能会对其成年人阶段婚姻的成功、建立有价值的同事关系和友谊产生重要的影响。

六、确立目标向量

积极的职业计划和思考开始于高中时期，在大学期间继续发展。确立目标需要整合以下三个要素：一是业余和娱乐的兴趣，二是职业的追求，三是与婚姻和家庭相关的生活方式。通过整合业余兴趣爱好、职业规划和对生活方式的思考来制定计划和目标，可以使生活变得有方向和有意义。奇克林的研究结果显示，该目标向量在大学第四学期出现了急速增长，在大学第七学期增长到最高。

1. 业余的和娱乐的兴趣，兴趣的稳定和加深可能来自三个并发性的力量

首先，与拥有亲密的异性关系或友谊关系的人共享相同的兴趣，会增加这种兴趣的稳定性。在进行职业规划时，多数丰富多彩的兴趣会被牺牲掉，只有极少数的兴趣会被稳定下来。其次，兴趣日益增长的稳定性促使职业规划和抱负变得越来越清晰和稳固。清晰的职业规划和抱负是维持兴趣稳定的第二种力量。当兴趣的选择具有实际意义时，个体投入学习和其他探索性或准备性活动中的时间也会随之增加。然而，兴趣太多的大学生通常很难确定未来计划和清晰的目标。最后，所有的兴趣都提供了满足感和激励。许多才华和创造性的学生投入惊人的独创性以及精力，以尽可能维持其兴趣活动。

2. 对职业的追求

获得一项职业是使大学生获得特定生活方式的途径。对于男生而言，目标的发展主要与职业规划和抱负的明确性有关。对于女生而言，未来职业规划的重要性由于迫切的婚姻而减弱，或者由于对婚姻的不明确和不确定性而复杂化。对大学生而言，职业目标或者对未来的明确计划的存在或缺乏似乎影响着时间的利用以及大学获得的成果。第一，当这些计划有意义时，它们为承载兴趣、价值观以及有益的生活方式服务。第二，当计划更加清晰地被规划出来时，与它们相关的学习变得有组织性。目标清晰度的增加会影响学习领域的选择、投

入学习和其他准备性活动的精力等。清晰的方向能给大学生提供巨大的动力，使其坚持和全面投入，努力达成满意的结果。当更多的时间和精力被投入学习活动中时，其他重要兴趣会因为时间限制而被牺牲掉。第三，能更清晰地认识到与未来职业规划不直接相关的学习的重要性。

3. 与婚姻和家庭相关的生活方式

对于生活方式和家庭的思考非常重要，因为和异性成员的亲密关系越来越多地涉及婚姻问题。大学生很难在构建一个平衡生活方式、职业抱负和业余兴趣目标时面临挑战，如果要采取某种计划，就必须进行很多妥协。能感知社会变化需要和社会问题焦点的大学生，已经能够在兴趣、职业规划和抱负以及对婚姻、家庭和未来生活方式的总体看法等方面获得成长，他们能够带着对方向的某种意识前行。

七、发展信仰向量

这个向量主要涉及大学生价值观，而价值观的发展与同一性的建立、目标的清晰紧密相连。研究表明，大学生的价值观不会发生很大的变化（如用一种价值观取代另一种价值观），典型的改变模式是大学生在大学期间对价值观逐渐进行局部性修正。发生改变的特点包括：首先，价值观的内容可能改变——朝向自由主义增长，价值观的变化将持续存在，对社会、政治和宗教的态度向更自由、更成熟的方向发生变化。其次，这些变化与离开家乡的有限性移动有关。这些十七八岁进入大学的学生有着丰富的家庭、社区和学校生活经验，这些经验强有力地塑造了他们的价值模式。

奇克林通过研究发现，大学生价值观的内容以及价值模式在大学期间不太可能发生根本性变化，但可能会发生其他更重要的改变。价值观依赖的基础、它们持有的方式以及它们对人们日常事务的影响，在一定限度内可能比仅仅持有某种特别的价值观更加重要。大学的最大的贡献不是改变价值观的内容，而是提高价值观在大学生生活中的重要作用。在任何情况下，如果个体在一段有限时间内价值观念没有显著改变，这意味着在将来或长或短的时间里，当这一个体接触到暗含不同价值观的不同体验时，他可能会像变色龙一样，呈现出与新环境一致的价值模式。

第三章　大学生心理健康教育的主要内容

第一节　大学生心理健康教育的覆盖内容

一、网络环境下的大学生心理健康教育

21 世纪，互联网技术突飞猛进，已经广泛应用到各个领域。网络给我们带来前所未有的便利，如网上购物、阅读新闻、网上办公、视频聊天等，网络已经成为我们日常生活的重要组成部分。但任何事物都有双面性，网络技术也不例外，其中不良信息也在不知不觉中影响着网民。高校大学生是网民的主要群体，由于大学生社会经验和生活阅历相对不足，很难辨别网络中的不良信息，更容易受其影响。鉴于此阶段也是他们心理发育走向成熟的关键时期，加强网络环境下大学生心理健康教育尤为重要。目前，高校已经充分认识到网络环境对大学生心理健康的影响，如何引导大学生正确利用网络，如何辨识不良信息已经成为大学生心理教育的重要研究课题。在此基础上，探索并建立一套完整的网络环境下大学生心理健康教育体系，对于提高大学生心理健康素质至关重要。

（一）网络环境下大学生心理健康现状

网络是大学生进行学习、科研、娱乐和社交的主要途径之一，大学阶段正

是大学生世界观、人生观和价值观形成的关键阶段，大学生的心理容易受到网络中各种复杂信息的影响。大学生的心理状况主要表现在如下几个方面：

1. 盲目好奇

大学生处在心理素质形成的关键阶段，他们对外面世界充满强烈的探索愿望。然而，由于他们缺乏经验和阅历，他们很容易受到周围环境的影响。网络技术的迅速发展，网络包含的信息量越来越大，现在已经成为大学生了解外部世界的重要方式。他们怀着强烈的好奇心在复杂的网络环境中获取新的信息，而有些信息中充斥着大量的不良内容。由于大学生尚未完全形成辨别复杂信息的能力，因此在接受新鲜事物的过程中极易受到不良信息的影响，例如网络诈骗等。

2. 感情空虚

随着社会生活节奏加快，人与人之间的交流和沟通越来越少。大学生从父母身边来到一个陌生的环境，部分人因为过分依赖父母，人际交往能力差而导致内心空虚无助。网络作为一个虚拟的世界，成为他们释放自我、寻找情感慰藉的平台，他们将现实生活中渴望得到的情感在网络世界中得到满足。久而久之，许多大学生沉迷于网络而不能自拔。

3. 自卑心理

大学生的家庭条件不尽相同，许多来自贫困家庭的大学生在学习和生活中可能会产生自卑心理，不愿和他人交流，压抑自己的感情，喜欢一个人独处。网络对他们来说是一个陌生的世界，在这里没有嘲笑和自卑，他们可以肆意地表达自己，从而获得心灵的解脱。

4. 冒险心理

近些年网络游戏发展迅速，但由于监管不力，导致一些充满暴力、赌博和色情内容的游戏得以发展。许多大学生想在虚拟世界中寻求刺激，从而沉迷于这些不良游戏中，严重影响大学生的学习和生活。

5. 浮躁心理

现在社会存在一些浮躁的现象，许多人想一夜暴富或一夜成名，而现在流行的网红就是一个典型的案例。许多大学生受到这些信息的影响，只想更容易更快地赚到钱去享受生活，但是现实生活中没有不劳而获的成功，每个成功人士的背后都有一段令人敬佩的努力过程。

（二）加强大学生网络心理素质的培养

大学生沉溺网络是心理原因所致，对大学生在网络中所产生的心理负面效应，应采用指导疏通的方法进行干预。

1. 加强网络认知教育

许多大学生最初上网缘于好奇和发展自我的愿望，但他们对网络缺乏全面的认识，不能有效识别网络良莠不齐的海量信息。加之一些大学生意志力薄弱、自我约束力较差，不知不觉中陷入网络诈骗的陷阱。基于此，要在认知层面引导他们正确认识网络的本质，同时指导大学生恰当地利用网络资源，正确地辨别网络信息，自觉抵制各种不良信息的侵蚀。此外，还需加强自我约束能力，遵守网络规范，做遵纪守法的文明网民，从而有效增强认知驱动力。

2. 培养网络自我教育的能力

随着网络时代的到来，现代教育已经转变为一种积极摄取、自主选择的主动模式。互联网信息成分庞杂，虚假信息充斥其间，而网络信息传播的开放性、自由性、多元性更需要大学生有较高的鉴别能力和自控能力。面对教育模式的改变和纷繁复杂的信息选择，大学生的自我教育能力有待提高。一方面，我们要相信现代大学生的思想觉悟和自我选择、自我判断及自我约束的能力。另一方面，自我教育不是自由教育，教育工作者应积极介入网络，在学生自我教育中发挥积极的引导和指导作用。值得注意的是，大学生年级的高低与上网率成反比例关系，即一、二年级大学生上网比例最高，而毕业阶段的大学生则比例较低。这主要是因为低年级的大部分学生由于刚接触网络，对网络世界正处于新鲜、好奇和狂热期，加之不成熟的心理及离家在外的孤独感，他们时常与网络为伴；而高年级的学生由于网络新鲜感的消失，心理日趋成熟及学业、求职的压力较大，对网络失去了低年级学生的狂热。因此，大学生网络自我教育的开展应把握住一、二年级的关键时期，防患于未然。

3. 重视网络时代大学生闲暇生活教育

如果把人的生活放在时间维度上予以考察，大致可分为三部分：生理时间、学习工作时间和闲暇时间。闲暇时间是个人身心放松、陶冶情致、开阔视野、丰富生活，按自己意愿所支配的自由时间。闲暇生活是每个人生活中重要的组成部分，是促进个人身心健康、提高生活质量的必不可少的重要因素。学生上网的主要活动是聊天、游戏和收发邮件，下载软件和学习知识只占很少的比例，这说明在大学生网民中，大部分并不是因为学习的需要而接触网络，网络是当代大学生课余闲暇时间中的一种主要的娱乐休闲方式。大学生沉溺网络，一方面是网络本身的诱惑与吸引，另一方面也与其闲暇时间没有充实而丰富的活动安排相关。一些大学生网络行为失控的根本原因在于其个人发展空间的狭小和桎梏。如果大学生不能在学业中自我肯定，就应当倾向于从体育、文艺、社会活动、业余文化等闲暇活动中寻求充实和愉快，否则，就会沉醉于虚拟空间的成功、自信、尊重、满足而不能自拔。积极的闲暇生活给大学生带来的不仅是即时的感官和精神上的享受，而且能在劳逸结合、张弛有度、身心愉悦中为他们的未来发展打下坚实基础。相反，消极无序的闲暇生活会影响个人身心健康发展，甚至导致个人的消沉、堕落甚至犯罪。随着大学生自主性的增强和自由空间增多，网络时代大学生闲暇生活教育是促进大学生健康成长不容忽视的重要环节。

二、大学生生命教育探究

（一）对大学生生命教育的思考

20世纪中叶，生命教育开始在世界范围内传播，且日益彰显出其重要性。随着科技生产力的高速发展和人类社会的不断前进，我们的物质和精神生活水平显著提高，征服自然的能力也明显增强。然而，人类也面临着各种挑战，如环境问题日益凸显、自然灾害频发、资源短缺迫在眉睫、人口急剧增多、地球不堪重负，等等。此外，世界并不和平，某些局部地区战争的阴影从未散去，一些地区长期处于贫困线以下，疾病高发，人们忍饥挨饿。这些因素都直接或间接地威胁着人类的生命，使更多人对未来感到迷茫。因此，生命教育的重要性越来越多地被有识之士提及，旨在唤醒人类对生命的正确认识，尊重生命存在的价值和意义。生命教育逐渐成为社会发展的必然趋势，这也可看成人类在面临生命威胁和消失时的一种深刻反思。

20 世纪末期，我国开始在学校教育中推广生命教育。21 世纪以来，我国大学生生命教育研究开始受到重视和肯定。大学生生命教育的提出有其深刻的时代背景。近年来，随着我国科技的进步、经济的发展、社会体制的转型、改革开放的不断深入，大学生面临着前所未有的发展机遇，同时也面临着前所未有的竞争、压力、冲突、困惑、迷茫等生命困境。现代科技的迅猛发展带来了经济繁荣和物质的丰富，但也带来了环境破坏、资源枯竭、生存危机的加重和生命尊严的侵蚀。人们在追求生命存在意义的历程之中越来越迷失了生命本身。从社会体制转型来看，大学生们正处于我国社会主义市场经济的转型和建设时期，面对社会价值观念的多元化、思想观念的转变、就业竞争激烈、传统生活方式的改变，大学生承受的身心压力不断增大，一些大学生既无法适应社会发展的新变化，也无法从传统观念文化中找到行为的方向和准则，而正在全世界泛滥的后现代文化又提出要消解一切事物的本质、规则与意义。这让一些大学生陷入空前的迷茫、焦虑、压力和困惑中，不少大学生彷徨、无奈、消沉，认为"活得艰难且无意义"。

（二）生命在意义中安居

1. 对生命意义的关注源于大学生生命意义缺失的现实

大一学生为"现实中的大学与想象中的象牙塔不一样"而郁闷；大二学生为"敏感的校园人际关系"以及"校园内部贫富差距显露的社会不公"而郁闷；大三和大四学生则开始因为"考研、就业与恋爱带来的一系列问题"而郁闷。

部分大学生的郁闷感受其实是生活无意义、内心空虚的表现。现代生活的变化、竞争和压力使许多大学生普遍具有一种想要努力把握，却又把握不住自己，把握不住生活的感觉。他们常常陷入一种空虚、无聊、困惑、迷茫、浮躁的情绪状态。心有渴望，却又不知渴望什么；感觉很忙，却又不知忙些什么；内心空虚，却又不知道如何去充实，觉得干什么都没有意思，感到生活没有意义。这实际上就是对生活的否定，如果发展到极端，可能会产生对生命的否定。

2. 人类生命的三重维度

生命是一个有机联系的复合体，对于"万物之灵"的人来说，人类生命有物质生命、精神生命和社会生命三重维度。

物质生命：生命首先是一个自然赋予的物质存在，即自然的生理性的肉体生命。尽管物质生命的存在是人与动物所共有的，但物质生命仍然是人类得以存在发展的首要物质前提和基础。脱离了物质生命，人类就失去了生命得以存在发展的物质载体。当代社会，部分人表现出对物质享受的过度追求与摄取行为，其实也是人之物质生命的极端表现。

社会生命：人总是处于一定的社会关系中，并承担一定的社会角色和责任。人的本质并不是单个人所固有的抽象物，在其现实性上，他是一切社会关系的总和。人的社会生命意味着人有对社会权势的渴望、对社会地位的关注、对社会关系的重视、对社会期望的回应；也意味着人所必然承担的社会责任、社会义务、社会道德、社会规范、社会良心。社会生命对人的物质生命和精神生命具有某种决定和制约作用，它决定着人们生物本能的冲动和释放，制约着人们精神生命的自由和有序。

精神生命：人是有意识的存在物，具有精神生命。有意识的生命活动把人同动物的生命活动直接区别开来。精神生命的存在使人超越了动物的本能，获得人性的自由和尊严。对个体的精神表现，精神在常识上可以这样理解：它是由做出或遇到各种不同事情的人身上表现出来的。从认识或知觉方面讲，他们有知觉、回忆、想象、抽象和推理的活动；从心理情绪方面讲，他们有快乐和痛苦的感觉，还有情意和欲望；从意愿方面讲，他们可根据自己的意愿去做一件事情或不做一件事。所有这些表象都可以划入精神的事件范围之内。可见，人的精神生命是相对于物质生命和社会生命而言，表现于主观意识层面的理性的认知、丰富的情感及坚决意志追求复合体。正因为精神生命的存在，人们才会超越尘世的繁杂，执着于生命意义的思考和追问，才能在精神富足、对生命自由的向往追求中感受快乐和满足，才能在精神守望与理想追寻中固守坚韧与恒久。个体精神世界发展状况是衡量其发展水平高低的主要标志，人与人之间存在差别，主要是源于精神发展的差异。作为精神生命的存在，人的存在总是为了值得存在的理由。人能够超越当下的存在，追求更理想的存在，如对美好未来的憧憬、对个人发展的向往、对人生磨难的抗拒、对生命意义的追寻。人总是需要一些精神追求的。这实际上就是对人类精神追求、理想信仰、道德操守的肯定与张扬。人是精神的存在，人性区别于动物性的高贵之处就在于人的生命具有高于生命的意义和目的。如果一个人沉迷于过多欲望，失去了对个人理想的追求和守望，必然感到存在的虚空和精神的萎靡。从个人生存的角度来讲，没有必要的物质条件不行，没有精神层次的理想、追求和信念也不行。只有当一个人不断追求精神生命的存在，超越动物的本能而获得人性的自由和尊严，才可能获得真正的快乐、幸福与满足。

3. 生命在意义中安居何以可能

"生命的意义是什么"和"生命的存在对我有什么意义"，这是两个十分相似却又有着截然不同意蕴的问题，前者是一个根本性问题，即生命本身就是意义，活着就是意义；后者则是一个具有价值指向性的相对性问题，生命之于人类而言，并非仅仅意味着生存、活着，意味着吃饱喝暖、代际延续，而且意味着对物质生命的超越，社会生命的发展，对精神生命的追求，以及自我价值的实现和生命独特个性的彰显。

人不仅仅为了面包而活着，他要讲究活着的意义和价值。对此，很多人存在一个误区，以为只有做出具体而显赫的物质和精神成果才是生命意义的体现。其实，每个人可以向世界提供的有价值的东西是非常多的——对万物生命的尊重、对亲人朋友的关爱、对生活目标的执着、对艰苦环境的超越。无论是农民生产出粮食、工人生产出机件、科学家做出发明、教师培养学子，还是学生乐观向上勤俭节约的精神，这些行为在本质上都是一样的，都为自己的生命赋予了崇高的意义。除了通过发挥个人力量，进行生产性生活而赋予生命意义外，生命就没有意义了吗？生命意义是关于生命的积极思考和追求。对每一个体而言，生命意义可从两个方面去理解：一是对生命存在的敬畏。二是对生命价值的追求，既包括对社会生命所赋予责任与义务的遵从，也包括精神生命所蕴含的对个体自由与价值实现的瞩目。

安居自然是一种生存状态，透射着一种舒适与自在、轻松与安享的感觉。对于追求精神幸福与心灵自由的人来说，安居并非简单占有一个住处，它更是一种精神层面的栖居与安宁，其本质应是生活的和谐与精神的自由。安居是一种能够感受个体价值存在的幸福体验；它蕴含着生命三维的协调相融，指向人与自然、人与社会、人与自身的共存与和谐；安居代表了人性彰显与本质需要的精神自由与心灵惬意的自在存在。人是寻求意义的动物，无法忍受无意义的生活。弗兰克尔指出，人们对生命意义的探寻是生活的基本动力。人生是有意义的，健康的人生是生活在对生命意义上的追寻和实现之中，对心理健康的积极影响之中。对生命意义的探索和情绪健康有正相关，对生命意义的认识能够减缓消极生活事件对个体的影响。而缺乏对生命意义的理解与心理问题则有正相关。弗兰克尔坚信，人有寻求意义的需要，无论生活在多么恶劣的环境中，人都能为自己的存在寻找意义。一旦人具有生存的意义，就能健康地生活。为了应对生存挫折，人们必须为自己的生活发现意义与价值。人在苦难中需要意义以求生存，人在优越的生活环境中同样需要意义以求生存和发展，否则就有可能被不同程度的心理问题所困扰。而当代大学生中流行的"郁闷"感觉可以说就是对存在空虚感的形象概括。

对意义的追寻是人类存在的根本拷问。人类参与社会生活的最终根源是对意义和尊严的渴望，而非表面上所看到的游戏带来的利益。只有澄清生命的意义问题才能使我们的生存超越罪恶、混乱、虚夸、躁动，才能在纷扰繁乱的世界中实现诗意的安居。意义是因人而异的，对一些人有重要意义的事情对另一些人也许毫无价值。对人生意义理解不同实质是人们价值观念的不同展现。笼统地说，意义可分为一般社会标准的生存意义和自我生活意义，每个人在追寻和确立自己的人生意义时总是以外在社会标准为依据，以内在价值认可为准绳。如果二者达到相对统一时，个体往往会表现目标明确、主动积极、内心充实的状态。相反，如果人违背自己内心意愿，被外界驱使去实现所谓人生的意义，那么他一定会从另一角度否定或回避这一意义，从而陷入迷茫、混乱、郁闷、空虚、烦躁和无所适从的低潮状态。这不符合人存在的本质，因为对意义的追求是精神层面上的主动选择。在当前市场经济建设的社会转型时期，人们生存意义日趋多元化，多元化的意义取向使许多人产生严重的心理失衡：一方面希望坚持自己认可的人生价值导向。另一方面又不自主地为外在标准所左右。在这种矛盾挣扎中，如果缺乏一定的自我调控、自我肯定和自我认同能力，自我生活意义将被外在意义所否定，进而导致对自己当前生存状态的否定，甚至对生命的否定。许多人寻求心理咨询，也许并不是出于某一明显的身心病症，而是出于对人生的绝望和自我存在意义的混乱和受挫。这种混乱和受挫必将导致人的存在的虚空。

三、大学生职业生涯规划心理健康教育

大学生职业生涯规划指导是我国高校就业体制改革背景下开展的教育新内容。职业生涯规划理论传入我国较晚，大学生职业生涯规划实践中存在诸多现实困难与心理误区。因此，开展大学生职业生涯规划指导是我国大学生心理健康教育走向生活实践发展的重要方向。

（一）开展大学生职业生涯规划指导的必要性分析

大学生职业生涯规划指导起源于 20 世纪初发达国家的职业指导运动。纵观学校心理健康教育的发展历程，20 世纪初发达国家的职业指导运动也恰是学校心理健康教育的萌芽。帕森斯作为"职业指导之父"，同时亦被誉为"心理辅导之父"。大学生职业生涯规划与指导是当今发达国家学校心理健康教育的重要内容，也将逐渐成为我国大学生心理健康教育的重要方面。

1. 大学生职业生涯规划现状诉求

因职业生涯规划理论传入我国较晚，对大学生职业生涯规划的推进与研究还缺乏有力的理论及实践经验的支持，当前大学生职业生涯规划开展存在许多问题。

首先，大学生的职业规划意识淡薄，求职过程中缺乏理性的职业规划。

其次，大学生在职业生涯规划中存在诸多心理误区。一方面，这些误区表现为大学毕业生在择业过程中的过度焦虑、自负、自卑、依赖、怯懦、攀比、冷漠等不良心理状态。另一方面，表现为对职业生涯理解不足、职业自我意识认识不够、职业方向与需求模糊、职业期望过高、职业规划急功近利等方面。

再次，大学生对自身职业生涯规划与指导存在很强的渴望，但同时对它也感到陌生。职业生涯方面的知识来源途径少，并无专门的职业生涯规划咨询机构。大学生对职业生涯规划方面的知识和服务的需求，对学校教学和管理部门提出了较高的要求。然而，这种需求与高校目前的有限供给或低层次供给形成了矛盾。

最后，大学生职业生涯规划指导工作有待加强。我国大学生职业生涯规划指导主要依托学校就业指导中心的就业指导工作。目前，我国高校的就业指导工作主要是负责毕业生落实工作单位，包括为毕业生收集需求信息、联系用人单位、组织校园招聘、推荐学生就业，以及进行就业管理。这些工作的工作对象多为毕业班学生，与职业生涯规划的本质与主旨有一定差距。

2. 职业生涯规划有利于大学生身心健康和最优发展

大学阶段是迈向成人的关键时期，这一时期，大学生们面临着许多关乎未来发展的重大抉择，如学业、交友、择业、就业、婚姻、人生价值等问题。对这些问题的选择与态度是影响大学生身心健康的重要因素。从大学生的年龄与心理发展特征看，其正处于心理变化最为激烈的时期，是从幼稚向成熟发展的时期。这一时期的大学生往往情绪多变、敏感脆弱、渴求发展又易脱离现实，在面临一些问题时因缺乏经验及相应的处理能力而易表现出困惑、焦虑、急躁、愤怒等不良情绪，引发许多心理冲突。一些大学生的心理问题恰恰就源于自我定位不足、决策能力不够、奋斗目标模糊、生活感受空虚、职业选择冲突、未来发展迷茫等发展规划不足等问题。良好的职业生涯规划有利于帮助大学生克服这些心理弱点。

大学生正处于生涯探索期和生涯建立期的关键阶段，这一时期，大学生可以通过学校生活、社会实践开始对自我能力和角色、各种可能的职业选择及个人能力与职业的匹配等方面进行不断的探索与尝试。职业生涯规划的目的绝不只是协助大学生按照自己的资历条件找一份合适的工作，提高高校就业率和社会满意度，更重要的是通过生涯探索与建立的过程帮助大学生真正了解自己、了解职业、增长生涯认知、认清发展方向、明确发展目标、制订行动计划，进而更好地规划学习、生活与未来，有利于大学生在思维模式、情感方式、主体意识、规划能力、发展观念、职业生涯意识等方面从传统的文化心理素质向现代社会的文化心理素质转变，促进大学生身心健康发展。

职业是自我价值的延伸，是一个人寻求自我发展与自我实现的基本途径。

大学生的职业生涯规划的完整与否，不仅影响个体的心理健康，也关系其一生的未来发展。一个人所从事的工作与其职业兴趣相吻合时，能发挥其全部才能的 80%~90%，并能长时间地保持高效率的工作而不疲劳。反之，则只能发挥全部才能的 20%~30%，且容易感到厌倦和疲劳。大学生正处在个人职业生涯的探索阶段，在此阶段，大学生通过对自己的兴趣、爱好、能力、特点及客观环境的综合分析与权衡，通过对各种职业角色的了解和尝试，有利于大学生充分认识自己，实现合理的职业匹配，积极发挥自身优势；有利于大学生树立务实可行的职业发展目标与职业理想，合理利用学习时间和学习资源，不断地进行自我增值、自我提高。与此同时，通过合理的职业规划，个人与职业的契合度越高，大学生未来的职业生涯就越有可能获得广阔的前景，从而实现个体的全面最优发展。

3. 心理特征与个体职业的双向选择

不同的个体依据个性特征的不同，有最适合的职业，同时提出了现实型、研究型、艺术型、社交型、创新型和传统型六种职业个性的类型。在大学生个性心理的发展过程中，个体的兴趣、能力、气质、性格、价值观等个性心理特征都在很大程度上影响大学生职业方向和类型的选择与匹配。兴趣是大学生进行职业生涯选择的重要依据，不同的兴趣适合不同的职业类型，从事适合兴趣的职业能有效提高大学生的工作效率，它是大学生职业生涯发展过程的精神动力，推动大学生锲而不舍地追求某一职业目标，并保持职业生涯规划过程中的稳定性和连贯性。能力是个体能够胜任某项工作的主观条件，是职业规划的重要依据。我国近代职业教育的倡导者黄炎培先生用通俗的语言概述了职业与能力匹配的重要性："一个人职业和才能相称与否，相差很大，用经济眼光看起来，不晓得有多少快乐；不相称，不晓得有多少怨苦。"而不同的气质类型也显著地影响着大学生的职业类型。一般来说，胆汁质的大学生适合从事开拓性的职业；多血质的大学生更喜欢灵活性较大的工作；黏液质的大学生适合从事稳定、细致、持久性的活动；抑郁质的大学生则适合精细、敏锐的工作类型。价值观是一种内心尺度，其在人们的职业生涯发展中起着极其重要甚至是决定性的作用。由于个人的身心条件、兴趣爱好、教育背景、社会阅历等方面的不同，人们在职业选择中目标和要求也是不相同的。在职业定向与选择过程中，对自己的职业价值观有深入了解的大学生更能为自己选择理想的职业路径，并能从职业生涯中获得内心的愉悦与充实。

（二）大学生职业生涯规划指导的内容选择

大学生职业生涯规划指导是以大学生职业心理发展特点为依据，以大学生职业生涯规划内容为基础，以大学生职业能力开发、自我潜能展现及职业生涯发展为着眼点的教育活动。从心理健康教育的视角来衡量大学生职业生涯规划指导的内容，可做以下分析：

1. 结合大学生心理发展特点开展职业生涯规划指导

发展心理学认为，个体的任何一个发展阶段都受其年龄、心理的影响。个体在不同的职业发展阶段对职业的需要、发展方向及行为方式也存在显著差异。个体的职业心理发展划分为幻想期、尝试期和现实期三个阶段，揭示了个体早期职业心理的发展对其未来职业选择的影响。

大学生正处于职业生涯发展的探索阶段，他们兴趣广泛、思维活跃、勇于尝试、渴求发展，对未来充满期望，但同时容易出现自我评价不足、社会认知有限、情绪变化较快、面对挫折承受能力不强等现象。同时，在不同的年级发展阶段，大学生的思想观念、行为方式、生活内容、职业倾向、价值目标等也会发生相应变化。因此，在大学生职业生涯规划指导中，应充分考虑他们的心理发展特点及不同年级大学生的学习任务及心理发展需求，增强大学生职业生涯规划意识，并在不同年级都要开展侧重点不同的职业生涯规划指导工作，而不是仅在毕业学年才进行。

2. 积极开展职业心理咨询，缓解大学生职业心理困惑

在大学这一职业生涯发展的探索阶段，因部分大学生对职业生涯规划了解不足，职业生涯规划能力尚待提升，再加上大学生特定的心理特点及种种的不确定性，他们在职业生涯规划以及求职就业过程中会产生心理困惑和误区。这就要求我们在进行全面职业生涯规划教育的过程中，积极开展大学生职业心理咨询工作，运用专业心理咨询的方法和手段帮助大学生缓解和消除在职业探索过程中的心理困惑与问题，引导其职业心理的成长及职业规划能力的提升，协助大学生进行职业生涯规划。职业心理咨询可以采用个别咨询和团体咨询两种模式。个别咨询问题主要针对来访大学生个体职业生涯探索过程中产生的困惑与问题，提供直接的心理帮助；团体咨询主要以分组的形式，针对生涯探索过程中某一类问题进行指导与帮助。采取团体咨询辅导模式，还可使大学生在专业设计的职业生涯规划团体活动中获得良好的实践锻炼和经验积累。

3. 科学开展职业心理测评工作，做好大学生职业定位辅导

职业定位是指为职业目标与自己的潜能以及主客观条件谋求最佳匹配。良好的职业定位是基于对自己的需要、兴趣、能力、气质、性格、价值观等个性

心理特征的准确把握。在职业定位过程中，谋求个体专业、特长、能力等与职业的良好结合，是大学生做职业生涯规划的必要步骤。而对自我心理特征的充分了解必须借助于科学的职业心理测评，通过科学的职业心理测评使大学生对自己有一个全面准确的认识，即有一个实事求是、恰如其分的评价，从而协助他们对自己的职业潜能倾向和职业适宜性有一个清晰的了解。在大学生职业生涯规划指导工作中，职业心理测评不是目的，而是一种过程，旨在帮助大学生更好地自我探索与澄清，了解自己的职业兴趣、技能、价值观和人格特点，以便更好地针对个人职业生涯展开规划与设计。在对大学生开展职业心理测评工作时，要注意使用科学、合理、有效的测量工具与方式，以提高职业心理测评的科学性。

4. 以教育发展性为指导，开展持续动态的职业心理辅导

职业选择是一个动态过程，不是一次性完成的"选择"，它往往伴随着人们身心发展的历程不断趋于完善。在职业选择与定向的整个发展过程中，可以分为几个连续的阶段，每一阶段都有其特定的发展任务，如果前一阶段的任务没有很好地完成，就会影响后一阶段的职业发展。从这个意义上讲，大学生职业生涯指导所涉及的对象不应仅限于毕业生，而应是全体大学生；教育内容则不应仅限于职业心理困惑的指导，而是应以教育的发展性为指导，在尊重个体和年级差异的基础上，开展持续动态的大学生职业心理指导工作。在这个动态的指导过程中，主要包括三个方面：一是大学生求职择业的心理准备，即大学生在就业前对求职择业目标的自我定位，对择业过程中可能出现的各种情况所做的估计与评价，以及为了解决这些问题而建立的思想观念和心理活动。大学生择业的心理准备是一个长期的过程，贯穿于整个大学生活，如大学生竞争意

识与能力的培养、良好的择业心态的养成、社会适应能力的提高、职业方向与理想目标的定位等。二是大学生求职择业中心理矛盾的指导与调适。因大学生具有特定的年龄心理特征、学校相对封闭的环境以及社会改革的深入，大学生在择业中常常会出现一些矛盾心理及误区。例如，由于自我认识不足而在择业过程中产生的盲目自卑心理，以及由于双向选择赋予大学生选择机会的增多而产生的"鱼和熊掌"兼得的心理等。这些矛盾心理与心理困惑是大学生职业心理指导中需要及时调节与指导的重要内容。如果不能及时疏导宣泄，可能发展成为影响大学生整个职业生涯规划的心理障碍。三是社会适应期心理指导与调适。主要是针对毕业大学生的心理辅导，即大学生走向社会，在具体的职业岗位上对社会环境适应的心理调适指导。如指导学生形成适应未来工作环境的积极的心理倾向，强化学生面对社会现实时保持积极乐观的心态并培养良好的职业道德意识等。大学生走向社会的适应期长短因人而异，实践证明，谁能较快地适应社会谁就能较快地取得成才的主动性。良好的社会适应是大学生在新的工作环境及社会生活中取得进一步发展的重要基础，也是大学生整个职业生涯规划得以持续发展的必经阶段。

第二节　大学生心理健康教育方式的发展

一、大学生心理咨询的发展

（一）心理咨询是大学生心理健康教育的重要内容和途径

心理咨询是指咨询者运用心理咨询的相关理论与方法，通过特定的人际关系，帮助来访者解决心理困扰，增进心理健康，提高适应能力，促进个性发展与潜能发挥的专业活动。心理咨询包括个性化心理咨询与团体心理咨询。就当前我国大学生心理咨询实践而言，主要以个性化心理咨询为主要形式。个性化心理咨询的一个重要特征是一对一的咨询关系，前去咨询的主要是有一定困扰和心理问题的大学生，相对于整体大学生的数量而言，他们是少数。这一特征就决定了大学生心理咨询帮助对象的有限性，不可能使所有人受益，而教育理应是面向全体和大多数的，因此心理咨询有必要发展为更大的范围，即走向心理健康教育。尽管国际上一般不提心理健康教育，或者说把大学生心理健康教育称为大学生心理咨询，但心理健康教育不等于心理咨询。虽然大学生心理健康教育是从心理咨询发展而来的，但心理健康教育的内涵要比心理咨询丰富得多。在学校生活中，心理健康教育除了要面向部分出现心理困扰、心理问题的学生，还要面向全体大学生。这不仅包括特定心理咨询工作，还涵盖了大量的课程教育、课外活动。此外，心理健康教育还承担着向全社会宣传心理健康教育以及指导家庭、社区开展心理健康教育的任务。因此，大学生心理咨询应该定位于大学生心理健康教育体系中必不可少的重要内容和主要途径，而非大学生心理健康教育的全部。

（二）大学生心理咨询的发展性价值取向

从心理咨询的价值取向来看，主要分为障碍性心理咨询和发展性心理咨询两种类型。前者主要是为各种有障碍性心理问题的人提供援助、支持、矫正和治疗，其更符合心理治疗的范畴。后者旨在根据大学生的身心发展特点，帮助大学生妥善解决心理冲突，更好地认识自己和社会，开发潜能，促进个性的全面发展和人格完善。根据我国高校的育人特点和主要目的，我们提倡在大学生心理咨询工作中坚持发展性价值取向。

心理咨询的对象不是全体学生，而是那些带有"心理问题"的来访大学生。由此，许多人认为心理咨询主要是以"心理问题"的消除和防治为主旨的障碍性心理咨询。在此，有必要对"心理问题"作简要分析："心理问题"有广义与狭义之分。广义的"心理问题"既包括心理疾病、心理障碍，又包括学习、生活、社交中产生的心理困惑与苦闷，是对心理问题的泛化理解。狭义的"心理问题"只指心理障碍和心理疾病。部分文章为了强调心理健康教育的重要性，人为夸大学生"心理问题"的严重程度，动辄冠之以"心理障碍""心理疾病""心理异常"等术语，将狭义的"心理问题"等同广义的"心理问题"，将一般性的心理问题与严重的心理问题相混淆，对此必须有清醒的认识。在高校确实也有部分同学存在着不同程度的心理障碍和人格缺陷，相对于大多数大学生来说，这些只是很少的一部分。事实上，真正有严重心理障碍的学生毕竟是少数，更多的大学生面临的是成长与成才、情感与事业，及其日常生活事件处理等成长性心理问题，这些问题并不是构成心理疾病的主要方面，但它们却直接影响着学生的心理健康与发展成长。因此，许多带有"心理问题"前来求询的大学生并非"异常学生"，而是寻求发展性问题的帮助，渴望自身成长与发展的个体。

坚持大学生心理咨询的发展性价值取向，并非鼓励全体大学生有事没事都去咨询，也不意味着所有大学生都需要咨询。其意在坚持一种发展性的咨询理念。通过这种咨询理念的坚持和倡导，一是激发和培养大学生的求助意识，避免许多寻求自我发展的大学生因心理咨询的"障碍性"关注而对高校心理咨询机构望而却步。二是倡导咨询老师对求助学生及其问题以帮助发展为旨趣，并非以消除症状、矫正治疗为取向，避免咨询中出现一些错误倾向。心理不健康与有不健康的心理和行为表现不能等同。心理不健康是指一种持续的、长时间的不健康状态，而一个人偶然出现的某种异常行为和情感体验却往往是正常的反应，恰恰说明这个人的心理是正常的。很多心理测试量表题目反映的只是受测者接受测验前某一段时间的心理状态，例如"最近一周我时常感到焦虑"，但在结果分析时却有人将其看作是持续的、特质的，泛化了异常心态的范畴。对于大学生这一群体来说，适度的应激状态是大学生应对应激事件的正常表现，如考前轻度的焦虑有利于大学生集中注意力，提高学习效率，这是一种特定情景下正常的应激反应，与那些具有焦虑性人格特质的人相比，在本质上是不同的。要避免将大学生成长问题理解为心理异常。成长问题是指在心理发展过程中必然会出现的暂时的、具有一定年龄特征的异常现象，如青春期逆反现象。在咨询中，如果来访者的问题属于成长问题，则不要人为严重化，将其划为异常之例。事实上，大学生来咨询的许多问题往往会随着大学生们年级的提高，年龄的增长而逐渐化解。

倡导发展性心理咨询取向并非对障碍性心理咨询的忽略和否定。结合目前我国大学生心理咨询现状，障碍性心理咨询的技术水平还十分欠缺，亟待提高。对少数出现严重障碍性心理疾病的大学生应及时转至专业卫生机构，以免延误。因此，我们提倡在有效提高高校心理咨询的专业水平的基础上，坚持发展性咨询取向，将发展性心理咨询贯穿于学生成长的始终。

（三）大学生心理咨询应坚持"价值参与"

在心理咨询领域中，"价值"问题是一个既敏感而又棘手的问题，存在着"价值中立"与"价值参与"两派纷争。"价值中立"是人本主义心理咨询理论的指导原则和核心思想，强调在心理咨询中咨询人员应超然于双方价值观念的冲突，一切以来访者的价值体系为中心，对来访者的价值观念要无条件接受，咨询人员不能以个人和社会任何价值尺度对来访者经验作价值判断和影响。此原则一经提出即在心理咨询界产生很大反响，并在我国广为传播。随着实践的深入，人们逐渐发现，在咨询中，价值问题是无法回避的，完全的"价值中立"是不切实际，也是难以真正做到的。"价值参与"相对于"价值中立"而言，是指在咨询时咨询员将一定的价值观念渗透于咨询过程中，引导来访大学生树立积极的价值观念，进行合理的价值评判，以缓解内心冲突，做出合理选择和积极行为的过程。

大学生心理咨询如何进行"价值参与"？

关于"价值参与"的实践探讨也有多种观点，如价值澄清、价值归因、价值评判、价值选择、价值认同、价值灌输等。大学生心理咨询中处理价值问题的关键不是对"价值中立"与"价值参与"的简单肯定或否定，在于对"价值参与"之"度"的把握。高校心理咨询中的"价值参与"应以价值尊重为前提，以价值澄清为基础，以价值引导为中心，避免两个极端。价值尊重是指咨询人员应理解和尊重来访者的价值观念，不排斥、不批评、不评价，并予以真切理解，为来访者创设一个安全、轻松的人际氛围，使其能够自由地表达。当然，价值尊重并不等于顺从来访者不合理的价值观念和价值取向，理解是为了更好地"参与"，感同身受方能"助人自助"。价值澄清是在价值尊重的前提下，通过讨论、对比、实例等多种方式帮助来访者明确自己的价值观，自己真正向往的价值取向，社会价值取向与自己所持价值取向是否存在矛盾，导致自己价值冲突的根源何在。价值澄清的本质就是协助来访者对自我内在冲突做理智的思考和客观的分析，为价值引导奠定基础。价值引导是"价值参与"的核心，即在价值尊重的前提下，在价值澄清的基础上，引导（而非替代）来访者进行适宜的价值选择。我们应承认和尊重来访大学生的多元化价值取向，但这种承认和尊重不是放纵和无度，如果来访大学生所持价值取向的主流属于反社会或边缘性价值观的时候，咨询人员有责任予以必要的价值引导和参与。在进行"价值参与"时要避免两个极端，即绝对价值中立和完全价值干预。完全否定大学生心理咨询中的价值参与，坚持绝对的价值中立不正确；但置来访大学生原有价值观于不顾，为来访者做出替代性价值选择也不足取，甚至适得其反。实际上，"价值中立"原则为科学的"价值参与"提供了一个实践参考坐标，使得价值参与在实践中避免走向价值干预的极端，由此在灌输和中立之间实现动态的平衡和协调。

二、大学生心理健康教育课程的发展

（一）大学生心理健康教育课程的定位

结合当前我国大学生心理健康教育实施现状，通过课程形式对大学生进行心理健康教育是学校心理健康教育的主要途径。课程教育既可以避免心理咨询帮助对象的局限，又可以缓解我国现有学校心理辅导人员的不足，同时解决心理讲座的不系统，更能从预防和发展的角度对多数大学生进行心理健康教育，提高其心理素质。

作为一门新兴课程，因研究的滞后及师资方面的原因，学校对心理健康课的课程定位存在模糊和偏差，主要表现在：学科化倾向，单纯注重心理健康知识的传授；德育化倾向，模糊德育与心理健康教育的本质不同；娱乐化倾向，过度强调形式的活泼与多样。因此，对课程的适当定位将是心理健康教育课程保持长久生命活力，促进我国大学生心理健康教育顺利发展的必要条件。

首先，对心理健康教育课程内涵的界定。目前比较一致的看法是：心理健康教育课程不是特指某一种课，它是一类课的总称，是为实现心理健康教育的目标而组织的各种教育活动及各种教育性经验的总称，包括心理健康教育学科课程、心理健康教育活动课程、心理健康教育隐性课程。在此，其更倾向于对心理健康教育课程做狭义理解，即面向全体大学生，根据学生身心发展特点，有计划、有组织地开展的以培养学生良好心理素质、促进学生身心全面发展为目的，以心理知识传授、心理品质培养为内容的专门课程，主要包括心理健康教育学科课程和心理健康教育活动课程，即心理健康教育显性课程。

任何一门课程因受其专业限制，不可能面面俱到，只能完成自己的特定任务，心理健康教育课程也不例外。根据教育部、卫生部、共青团中央 2005 年印发的《关于进一步加强和改进大学生心理健康教育的意见》，大学生心理健康教育的主要任务是帮助大学生树立正确的心理健康知识，介绍增进心理健康的途径，解析心理异常现象，传授心理调适的方法。结合高校心理健康教育课程的特质，可作如下理解：

1. 心理健康教育课程应重视心理健康意识的培养

教育部文件中将心理健康意识放在首位，这一定位极其准确。对大学生个体来说，自觉完善心理健康不仅仅是大学阶段的任务，而且是终身学习的任务。心理健康教育的知识是丰富而发展的，增进心理健康的途径方法也是多样而变化的，不可能完全通过课堂教育获得，只有当大学生真正具备了心理健康意识，才可能在今后的学习、工作、生活中不断丰富心理健康知识，自觉提升心理素质。

2. 心理健康教育课程不仅在于理论知识的传授

心理健康教育课程不是单纯的知识传授的学科课程，其主要侧重于实际调适的综合应用课程。心理健康教育课程所承担的主要职责不是解决知与不知的矛盾，而是在一定"知"的基础上影响和干预学生的现实心理状态，使学生学会自我分析、自我调控，学会排除学习和生活中的实际问题，提高大学生整体心理健康水平。尽管心理健康教育课程内容不可避免地要涉及许多心理学及心理健康理论知识，并且只有在掌握一定"知"的前提下才能有更好的"行"，但心理健康教育课程的重点不在于理论知识的多少，而更在于知识应用的能力。若过于注重大学生对理论知识掌握的准确与详尽，则有可能丧失心理健康教育的本质所求，有可能使学生对心理学理论、心理健康的提高望而生畏并失去兴趣，而且学生在面临现实的心理问题时，依然会束手无策，且不知所措。

3. 心理健康教育课程应立足于发展教育模式

心理健康教育课程面向的主体是健康的大学生，意在通过开课的形式普及心理健康知识、培养学生良好的心理品质、提高学生整体心理健康水平，使之在各自现有的基础上均有所获益。由此可见，心理健康教育课程应立足于发展教育模式，矫治学生的各种异常心理和问题行为则主要由障碍性咨询和心理医院等来诊断和治疗。

4. 心理健康教育课程具有活动课程的性质

心理健康教育课程不仅具有学科课程的性质，也具有活动课程的性质。它可以以学科课程的形式进行，也可以以活动课程的形式出现，但这两种形式不是截然分开的，而是相互补充、相互融合。它们甚至于同一课堂交织呈现，统一于心理健康教育课程总体目标与规划之中。

高校心理健康教育课程是学校课程教育的有机组成部分，它和德育、智育、体育等课程相互联系、相互渗透，同时又有着自己的独立目标、内容和方法。

心理健康教育课程与其他课程有密切联系。无论是学科课程形式还是活动课程形式，心理健康教育课程可以说都是一门跨学科的课程，其内容涉及心理学、教育学、社会学、生理学、伦理学等多个领域，是综合社会科学、自然科学以及技术科学的综合性课程，在理论及实践层面与这些课程存在着相互渗透、相互促进、相互补充的密切联系。一方面，在这些学科课程内容中蕴含着丰富的心理健康教育资源。如社会心理学知识的学习，可以让学生了解社会对个体的影响，个体社会心理的养成，个体与群体的关系处理等，从而帮助大学生增强适应社会发展变化的能力。自然科学学科课程的学习需要人们观察力、记忆力、注意力、想象力、思维力等认知能力的参与，这些能力的参与与提高本身就是个体心理品质的培养与完善的过程。另一方面，各学科的有效开展和运行需要以大学生健康的心理素质为基础。如德、智、体、美的全面发展是大学生综合素质的内在规定，即大学生所应具备的思想政治素质、科学文化素质、身体素质、心理素质。其中，心理素质是人才素质的基础，并渗透于思想政治素质、科学文化素质和身体素质之中。心理素质是大学生思想政治素质形成的基础，也是大学生科学文化素质形成的必备前提，更是大学生健康身体素质的重要保障。

（二）大学生心理健康教育课程目标定位与发展

心理健康教育课程目标是指一定时期内心理健康教育课程所要达到的预期结果。它是心理健康教育课程开展的出发点和归宿，规定着课程教学活动的方向，指导着课程教育的内容、方式、手段、评价的选择与运用。然而，与其他传统课程相比，心理健康教育课程还处于起始阶段，并没有形成统一的标准，存在许多分歧。如课程目标混乱，从高校间到高校内不同教师间等多个层面上均存在一些分歧；课程目标与心理健康教育目标界限不清，相互等同；课程目标缺乏可操作性，仍停留在一般目标的描述性层面等。课程教学是高校开展大学生心理健康教育的主要途径，课程目标的分歧与混乱对心理健康教育课程教学及其质量产生了不利影响，进而影响到大学生心理健康教育工作整体水平的提高，因此，对高校心理健康课程目标的定位及发展予以关注，是大学生心理健康教育顺利发展的重要内容。

首先，心理健康教育课程目标与心理健康教育目标的关系定位。心理健康教育课程目标与心理健康教育目标关系密切，但存在层次差异。心理健康教育目标是心理健康教育课程目标的上位概念，内涵较之后者更为丰富和宽泛，心理健康教育目标包含了心理健康教育课程目标；心理健康教育课程目标是心理健康教育目标在课程方面的具体表现，但它不能包括心理健康教育目标的所有内容。在实际运用时，人们常常不自觉地将其混淆。

其次，心理健康教育课程目标体系的层次构建。课程目标的混乱及可操作性缺乏与课程目标体系的层次构建不足紧密相关。一般情况下，对心理健康教育课程目标的阐释主要表现为"提高心理健康水平、培养良好心理素质、开发心理潜能，增强心理健康意识、促进心理健康"等描述性概括层面，这些提法作为心理健康教育的一般目标或心理健康教育课程的总体目标无可厚非，但怎样予以理解，在实际教学中如何运用和展现却缺乏足够的具体性、操作性和层次性。心理健康教育课程目标是一个总概念，包括心理健康教育学科课程目标和活动课程目标以及隐性课程目标。心理健康教育课程目标的实现依赖于各种具体形式的课程目标的实现，而这些课程目标的实现有赖于各个教学单元目标的达成，进而依赖于各个具体课时目标的实现，由此可见，心理健康教育课程目标必然具有自身的层次结构。

当前，心理健康教育课程在目标取向上存在侧重理论化和侧重技能化两种错误取向。侧重理论化，即过分关注大学生心理健康教育知识和理论素养的提高，对其实际问题的调适和解决能力有所忽略。侧重技能化，即过分强调心理健康教育课程教学的实践技能性目标，注重大学生应对当下各种心理问题的实践技能的提高，而对大学生的心理健康理论素养予以忽视。对于心理健康教育课程而言，直接把情感、意志、个性等当作教学目标，关注的焦点虽然不在于大学生理论知识的多少与正误，但知为行之先导，行为知之外现，心理健康教育课程教学不仅在于帮助大学生提高科学应对当前生活中可能遇到的各种心理冲突和心理问题的实际技能，还应使他们具备一定的关于身心发展及各种心理现象、心理问题的理论常识，以服务于他们当前及未来的发展。因此，在心理健康教育课程目标价值取向上应建构理论与技能相结合的课程教学目标，而心理健康教育学科课程目标和活动课程目标其实就是理论与技能相结合的价值取向的具体体现。

（三）大学生心理健康教育课程内容及方法的选择与运用

课程内容是课程目标的具体化与载体。心理健康教育课程目标要通过选择相应的课程内容来予以实现。在课程史上，主要有三种方式作为选择课程内容的依据：一是以人为尺度，即以人的兴趣、需求和人的社会生活为依据选择课程内容。二是以社会为尺度，结合社会的实际需求来选择课程内容。三是通过人与社会两者的辩证统一来选择。

　　心理健康教育课程不同于其他专业课程，不是向学生传授具体的理论知识和专业技能，而是帮助学生树立积极的健康观念，调适现实生活中遇到的心理困惑和矛盾，帮助他们更有效地学习，更快乐地生活，直接触及学生的"心灵"。因此课程的内容一定要满足学生的兴趣和需求。一般来讲，学生心理健康发展的需要包括两个层次：一是发展性需要，即处在某一年龄阶段的大学生普遍存在的心理和行为发展上的需要。二是适应性需要，即大学生寻求对社会发展、人际关系、学习环境、生活变化的适应需求，以及由于特定环境或特殊事件的冲击和压力而产生的解除心理困境、渡过心理危机的需要。大学生适应性需要往往具有鲜明的时代性和社会性。个人的发展离不开社会，人要生存就得适应社会。一方面，社会的发展给心理健康教育提出许多新的要求，现代社会的发展需要大学生培养和具备现代人格特征及心理品质。另一方面，当前大学生出现的许多心理困惑主要体现为社会适应的不足。因此，高校心理健康教育课程内容的选择在依据大学生兴趣需要的基础上，也应以社会的需要为依据。可见，心理健康教育课程是以直接满足学生维护和发展自身心理健康的需要、促进学生心理健康发展为目的，其课程内容与学校其他课程内容表现出显著的区别，即其并非独立于学生生活之外的知识或理论体系，而是与学生学习生活、社会发展变化密切相关的各种理论知识、实践经验及生活事件。在内容选择上既要贴近学生生活实际，根据学生生活和发展的逻辑选择和安排课程内容，又要以社会发展为尺度，坚持个人与社会的辩证统一。

高校心理健康教育课程教学方法的运用存在多种选择。其中，案例教学法比较受推崇。它既符合大学生具备一定知识层次、文化内涵、思维能力的理论素养和追求自主与个性的年龄特征，又符合高校心理健康教育课程追求大学生理论知识与实际技能并重的本质特性。

案例教学法起源于 19 世纪 20 年代，由美国哈佛商学院所倡导，其采取一种很独特的案例形式的教学，这些案例都是来自商业管理的真实情境或事件。通过此种方式，培养和发展学生主动参与课堂讨论，实施之后颇具成效。

案例教学方法中有一个基本的假设前提，即学员能够通过对这些过程的研究与发现来进行学习，在必要的时候回忆并应用这些知识与技能。案例教学法非常适合于开发分析、综合及评估能力等高级智力技能，这些技能通常是管理者、医生和其他专业人员所必需的。案例还可使受训者在个人对情况进行分析的基础上，提高承担具有不确定结果风险的能力。为使案例教学更有效，学习环境必须能为受训者提供案例准备及讨论案例分析结果的机会，必须安排受训者面对面地讨论或通过电子通信设施进行沟通。但是，学习者必须愿意并且能够分析案例，然后进行沟通并坚持自己的立场，这是因为受训者的参与度对案例分析的有效性具有至关重要的影响。

案例教学法是以学生对案例的分析讨论为中心的教学方法，其目的不在于单纯寻找问题的答案，而在于寻找答案的思考过程。案例教学在高校心理健康教育课程教学中的应用充分体现了心理健康教育课程的本质特性。

首先，案例教学体现了心理健康教育课程教学过程的开放性。教学过程的开放性体现在教师和学生双边交流活动之中。教师是开放教学过程中的活跃者。一方面，心理健康教育课程知识内容的选择从来就不是一成不变的，而是随着时代的发展而不断变化，不同案例蕴含的知识承载着特定的时代性问题得以展现。另一方面，在案例教学的师生互动中，学生处于活跃的动态过程中，凭借自己的个性、视野去衡量、理解和体验现实问题，可以在接受知识的同时审视和评判、应用和转化已有的知识和结论。这样，案例教学为心理健康教育课堂创造一个高度自由开放的思维空间和实践空间，在这种相对开放的空间中，学生通过自己富有个性特征的审视与批判，去理解和吸收知识，并创造性地把知识转变为自己的智慧和能力。

其次，案例教学体现了心理健康教育课程在教学活动中的参与性。心理健康教育教学过程的参与性主要是指在教师的引导下，学生积极参与教学过程，并在参与的过程中促进理论知识提升、自我调适能力的增强、心理机能的提高等自我教育过程的实现。而案例教学模式的本质特征就是以学生为中心，以学生参与为形式，以周密的课堂教学设计为条件，以探究问题为手段，以思维训练为核心，以训练学生发现问题、思考问题、解决问题的能力为目的，以培养学生创新素质、创新精神和创新能力为基本价值取向。因此，案例教学是心理健康教育课程参与性特性的具体展现。

再次，案例教学蕴含着心理健康教育课程教学的体验性。美国课程专家古德莱德将课程分为观念的课程、正式的课程、学校的课程、教学的课程和体验的课程五种，他认为在所有课程中最重要的课程是被内化和体验了的课程。心理健康教育课程应是一门体验性的生活课程，以学生为主体，以学科知识为基础，以精神感受为驱动，注重学生在教学过程中联系生活实际的心理感受、情感体验等心路历程，在大学生的课程体验中达至课程目标的实现。案例教学则为学生提供了现实体验的模拟空间。典型案例往往取材于大学生学习生活的实际，由一个或几个问题组成，代表着某一类问题或现象的本质特征，大学生在对案例的解读和理解中很容易产生熟悉和亲近的感觉，由此自觉进行案例提供的模拟现场体验，并在体验和总结中获取相关问题的感性知识、直接知识和实践知识。实际上，个体心理品质的形成并非靠单纯的知识传授，也不靠简单的接受学习，它还是个体经历生活经验逐步积累、建构的过程，而案例教学则通过适当的案例展现赋予大学生对多种生活事件的经验和感悟。

最后，案例教学实现了心理健康教育教学活动中师生的主动性。心理健康教育过程实际上是师生互动的一种交往过程，必须摒弃传统教学模式中"我讲你听，我写你记，我说你做"以及管制与被管制的师生交往状态，充分调动师生双方的主动性，在和谐、平等、积极主动的教学氛围中实现教学相长。主动性是学生受教育过程中十分重要的意识和行为，是学生在学习过程中表现出来的对学习的热情、兴趣和积极性。教师的主动性体现在如何灵活主动地处理好课堂教学，不局限于教材与教法的限制。在案例教学中，典型案例的选取与设计、案例分析的设置、学生讨论分析的组织、实例与理论的融合、案例启示性总结等都是教师主动性教学的展示。大学生往往对发生在自己身边的事情十分关心，因此一些贴近学生学习生活实际的典型案例在课堂上运用，将引起学生心灵的共鸣，并能极大调动学生的兴趣与主动性。学生在融入问题、思考问题、提出问题、讨论问题和解决问题的过程中，由被动接受知识变为接受知识与运用知识、更新知识与探索知识并举，从而使学生对知识的广度和深度有新的开拓，并在案例思考和分析中进行一系列积极的创造性思维活动，主动性得以激发和彰显。

对案例教学的推崇并不代表对学科理论知识传授的否定。案例教学法不能替代系统的理论学习和讲授，若要使案例教学充分发挥其功能，还需要足够的理论知识来支撑，在课时安排上兼顾理论讲授与案例教学的融合。实际上，良好的案例教学本身就是心理健康教育学科课程理论知识传授与活动课程情感体验的融会贯通。

三、大学生心理健康教育方式的发展

（一）开设心理健康教育课

高校开设心理健康教育课，充分发挥了课堂教学在大学生心理健康教育中的重要作用。开设与大学生心理健康教育有关的宣传普及和心理科学的基础知识课程，并列为学生选修课；周期性举办各种形式的心理专题讲座和报告会，使大学生系统了解自身心理发展的变化规律，了解心理卫生的一般知识及保持心理健康、提高心理素质的途径和方法；在思想道德修养课中，将有关心理健康教育的内容安排进去。

（二）建立学生心理档案

部分高校对刚入学的新生进行心理健康普查，将采集的数据信息经整合和统计后再建立特殊学生群体的心理档案库，有针对性地对心理问题较严重的学生进行跟踪、咨询、治疗。有助于高校的教育管理者及早地干预，从而避免一些惨剧和极端事件的发生。

（三）建立心理健康专栏

一些高校充分利用学校广播、计算机网络、校刊校报、橱窗等开设心理健康专栏或专题节目。利用这些传播媒介向广大同学宣传心理卫生知识，或是选择一些典型的心理问题在报刊、广播或橱窗中讨论，或请专家给予答复；利用网络还可以开设心理健康交流的论坛，结合一些问题进行讨论、引导、答复，及时发现学生思想的动态发展。

（四）开展心理健康咨询

由学校专门的心理辅导或咨询机构进行。开展心理咨询可以采用多种方式方法。对有心理问题需要帮助的学生，可以采用个别咨询、门诊咨询；对学校中存在一些共同问题的学生，可以开展团体咨询；针对部分不愿到心理咨询机构求助的学生，设立心理咨询信箱，进行书信咨询，也可以利用网络，开展网络咨询；另外，心理咨询机构还可在一定时期深入学生开展现场咨询，如在新生进校、重要考试之前等。

（五）加强教职员工心理健康知识的培训

心理健康教育工作是学校德育工作的重要组成部分，需要全体教职工参与，以保持心理健康教育的一致性、渗透性和连续性。学校除了积极开展对从事大学生心理健康教育工作专、兼职教师的培训，通过培训不断提高他们从事心理健康教育工作所必备的理论水平、专业知识和技能，使其成为学校心理健康教育工作的骨干外，还要重视对教师、班主任、辅导员以及其他从事学生思想政治工作的干部、教师进行有关心理健康方面内容的业务培训。

（六）开展心理健康教育活动

心理来源于实践，实践也将促进心理的发展。对学生有针对性地开展各种心理健康教育活动，可以让他们在实践中调整自己的心理行为，达到促进心理健康，提高心理素质的目的。多开展社会实践与调查、学术交流、科技服务、电影展播、心理沙龙、实践训练、心理游戏等活动，不仅能使大学生在"玩"的过程中增长才智，发挥特长，还可以激发参与意识和兴趣、缓解紧张情绪、调整心态，更快乐、健康地成长与成才。

四、运用新媒介开展大学生心理健康教育

大学生的心理问题与新媒体的发展息息相关。因此，在开展大学生心理健康教育工作时，必须积极整合新媒体技术，以全面促进大学生心理健康教育工作的开展。

（一）运用新媒体思维，构建心理健康工作平台

之前的大学生健康教育工作只是局限于课堂以及心理咨询室，由于时间和空间的限制，阻碍了心理健康教育的有效性。然而，随着新媒体时代的发展，大学生的生活、娱乐以及学习大多依赖网络。因此，在心理健康教育工作开展的过程中也要积极利用新媒体技术，开拓新的网络工作平台。在新的大学生心理健康教育工作中，首先，可以利用网络推广心理健康教育知识。教师通过新媒体等网络平台，例如网站、微博、微信等，与学生互动，加强师生联系，在和谐的氛围中使学生更好地接受心理健康知识。其次，高校心理咨询教师也可通过校园论坛、贴吧等形式加强与学生的互动，主动与学生交流，谈论一些大

学生存在的共性问题，为大学生解答思想、精神上的困惑。同时，也可以通过微信等交友软件，为学生提供一对一的咨询服务，在保护学生隐私的情况下，可使学生畅所欲言。最后，高校心理健康教师也可创建一些网络体验游戏，在体验游戏中，学生的压力得以舒缓，消除大学生心理疾病的隐患。

（二）发挥新媒体优势，把握网络舆论导向

完善网络舆论引导监督机制，通过制定制度、配备人员加强校园网络监督管理，把握大学生的思想动态和心理健康状况，对大学生所存在的心理健康问题做到及时发现，从而有针对性地开展分析、引导和教育工作。重点把握以下两点：第一，强化舆论引导。加强对大学生的思想引领，帮助大学生树立正确的世界观、人生观和价值观。第二，加强治理管控。网络的开放性和虚拟性为虚假信息和不良信息的肆意传播提供了条件，为了保持网络环境的洁净，必须设立网络监督巡查制度，及时有效地控制不良信息的传播，以免误导大学生，使大学生保持正确的舆论认知。

（三）引入新媒体技术，创新课堂教学模式

在新媒体环境下，大学心理健康教育课程可积极地进行变革，利用网络"慕课"的形式开展有针对性、专门性的教学。例如，开展针对人际交往、学习压力、求职、感情等方面的课程，通过简洁的慕课形式，向大学生传授心理健康知识，提升大学生心理调节能力。这种简单、短小的慕课教学形式，提高了学生学习的积极性，使大学生更加易于接受，从另一层面上讲也提高了教学效率。同时，心理辅导老师也可以开通"微博"，通过网络平台，加强学生与辅导老师之间的交流，及时解决学生的心理问题。

（四）提升新媒体应用能力，加强队伍建设

随着信息技术的不断发展以及网络技术的大力普及，对大学生心理健康教育队伍提出了更高的要求，以适应新媒体时代的发展。各大高校的心理健康教育队伍即心理医生、心理辅导员、朋辈辅导者等，不仅需要拥有专业的心理知识，还需要具备熟练应用新媒体的能力。高校还可以组织专门的培训，提高心理健康教育工作者的综合素质，使工作者能够熟练地应用新媒体平台开展心理健康工作，例如交友软件、微博、微信等。通过新媒体平台传播心理健康教育工作内容，实现线上与线下的相互配合，实现对大学生的全面辅导，切实提高心理健康教育工作效率。大学生健康教育工作的开展，离不开高素质健康教育工作队伍的扶持。在新媒体的发展背景下，务必保证专业技术和信息技术的结合。

第三节　大学生心理健康教育的发展趋势

一、大学生心理健康教育的综合发展趋势

心理健康教育是一个多层次、多因素，涉及多学科领域的综合性发展的系统教育工程。其综合性发展主要体现在心理健康教育自身内涵的丰富及运行实践的综合性发展趋势上。

（一）大学生心理健康教育内涵的综合性发展

大学生心理健康教育内涵的综合性发展主要体现在教育目标的完善、教育内容的丰富及教育功能的拓展等方面。

1. 教育目标的综合完善

大学生心理健康教育是一项有组织、有目的、有计划的教育活动，其教育目标的结合与完善是开展该项工作的基本前提，直接关系到心理健康教育的内容选择、方法取舍、评估指标及教育成效，在整个心理健康教育体系中居于核心地位。

大学生心理健康教育目标构建受多种因素影响和制约。它必须既能符合素质教育总目标的指向与要求，又能体现大学生心理健康教育的特定价值与关怀；既要从学生心理素质结构一般特征出发，符合其心理素质发展的整体要求，又要从学生个体的差异性及现代心理健康标准着眼，体现出心理健康教育的层次性和针对性。由此，大学生心理健康教育目标应是一个既能反映社会、时代的客观要求，又能满足学生个体现实需要及成长发展，具有一定层次性的综合体系。

从层次性角度来看，大学生心理健康教育既具有教育发展的总目标，也包含在总目标指导下的具体目标。大学生心理健康教育的总目标既能反映国家和社会的总体要求，又能体现大学生心理健康教育培养目标的具体内容。总体来讲，大学生心理健康教育的总目标即通过心理健康教育，引导大学生树立正确的心理健康意识，预防、缓解和消除多种心理问题，培养良好心理品质，增强心理调节能力，提高心理健康水平，充分激发心理潜能，促进大学生思想道德素质、科学文化素质和身心健康素质协调发展。而具体目标是总目标的细化与具体展现。大学生心理健康教育的具体目标是多种多样的，类似如何克服人格障碍，解决失眠困难，改变不良习惯，调节人际关系，增强适应能力，走出恋爱误区，实现自我发展等。在教育总目标的指引下，根据教育对象的差异及所要解决问题的性质，大学生心理健康教育具体目标又可分为不同的层次目标。

第一，心理健康教育的初级目标，即防治心理问题，增进心理健康。其具体包括两方面内容，一方面帮助大学生缓解、消除在学习、生活及成长中产生的心理困惑和心理矛盾，对少数出现障碍性心理问题的学生做到早发现、早诊断、早干预。另一方面，通过开展心理健康教育活动，提高大学生心理健康水平，使大学生掌握有关预防、识别、调节心理健康问题的基本知识与方法，学会自我心理保健。

第二，心理健康教育的中级目标，即优化心理品质，学会积极适应。积极适应，即学生能够合理应对学习、生活、交往和社会发展中的各种变化，能够表现出与学习、生活、交往活动的变化及社会发展转型要求一致的心理和行为，从而使大学生能够学会学习、学会交往、学会生活、学会做人，成为适应良好，心理健康的人。

第三，心理健康教育的高级目标，即开发心理潜能，促进自我实现。现代心理学和脑科学的研究表明，人的心理潜能远未能得以开发与利用。作为现代高等教育重要组成部分的高校心理健康教育，其目的不仅在于对心理问题的预防和消解，更在于对大学生心理素质的提升、心理潜能的开发及自我价值的实现的促进。

无论是过去还是当前，在我国大学生心理健康教育领域更多强调的是矫治性目标，即为出现各种障碍性心理问题及学习适应困难的大学生提供心理援助、支持、矫正与治疗。这一取向使大学生心理健康教育只注重为少数出现心理问题的大学生提供服务，其目标层次仅限于大学生心理健康教育初级目标领域，而忽略了绝大多数大学生所需求的优化心理素质、促进自我实现等更高层次的目标追求。低层次目标领域的徘徊也是我国大学生心理健康教育发展停留于数量与形式上的繁荣，而很难在教育质量与水平上有所突破的重要原因。随着我国大学生心理健康教育事业的不断发展与成熟，随着人们对大学生心理健康教育本质追求的理解与认识，心理健康教育目标无论在理论还是实践层面都必将突破单一片面的价值取向，实现各层次目标相互联系相互制约，各阶段目标互有侧重、相互融合的综合发展取向。

2. 教育内容的丰富多样

大学生心理健康教育内容的确定既是主观的也是客观的。一方面，大学生心理健康教育的目标、对象、任务决定了其教育内容的客观性。另一方面，因人们对心理咨询及大学生心理健康教育认识的主观差异也决定了其内容选择的主观性。因此，大学生心理健康教育内容的划分有多种形式和方法。从横向看，主要包括人生观与心理健康、学习与心理健康、自我意识与心理健康、情绪与心理健康、人际交往与心理健康、恋爱及性心理与心理健康、挫折与心理健康、个性与心理健康、创造力与心理健康、求职择业与心理健康、心理测验与评估、心理咨询与心理治疗等；而纵向划分主要依照心理健康状况的表现程度而概括为三个层次：一是心理疾病咨询内容，即帮助有心理障碍、心理疾病的来询者挖掘病源、指导对策、消除危机、解除忧虑。二是情绪适应咨询内容，即来询者由于学习、工作、人际关系、性爱、个性、情绪等方面的适应不良而出现的烦恼、忧虑、困惑等提供帮助。三是心理发展咨询内容，即帮助来询者增强自我认识能力、社会适应能力和发展能力，提高心理素质，挖掘自身潜力。

由此可见，大学生心理健康教育内容既包括对心理健康教育基本知识的介绍和普及，也包括对心理调适方法的传授与应用；既包括对心理异常现象的解析与预防，也包括对智力潜能的培养与开发；既包括对大学生学习生活、适应发展诸方面的关注与指导，也包括对多种心理行为问题的缓解、预防与矫治；既包括以障碍性心理问题解除为主要取向的教育内容，也包括以促进大学生心理素质优化、心理潜能开发为主要取向的发展性教育内容。目前，我国大学生心理健康教育内容更多的是倾向于心理学基础知识理论的介绍与传授、心理测验的引入与应用、心理问题的消解与关注，而对大学生心理品质的培养、良好习惯的养成、自我应对与调节的引导、心理潜能的开发等成长发展性教育内容有所忽略，导致教育内容选择取向的偏颇与不足。完善的教育内容是心理健康教育成效得以实现的有效载体，随着人们对大学生心理健康教育内容本质的认识与深化，教育内容取向必将呈现知识传授与品质培养、问题解决与发展促进相互融合的多元发展。

3. 教育功能的拓展

心理健康教育功能是大学生心理健康教育本质的外在集中显露，对心理健康教育功能的认识和体悟有利于全面深刻地把握其本质与内涵。

依据大学生心理健康教育的目标与内容，其功能一般可分为三个层次：初级功能是防止不同程度心理问题的产生与发展；中级功能是增强心理适应，优化心理品质；高级功能是开发心理潜能，促进自我实现。这三级功能的不同体现分别代表了大学生心理健康教育三种不同的教育取向，即问题解决型教育取向、生活适应型教育取向和发展促进型教育取向。这三种教育取向又显示出大学生心理健康教育队伍中不同成员对大学生心理咨询及心理健康教育的不同理解与价值认可。有关大学生心理健康教育功能的认识存在诸多不同的观点，一是促进和维护大学生的心理健康。二是开发智力促进能力发展。三是提高德行修养培养良好品德。四是培养主体性形成完善人格。五是养成良好行为习惯提高社会适应能力。总体而言，对大学生心理健康教育功能的认识都倾向于对"个体性功能"的理解与把握，而对大学生心理健康教育的社会性功能有所淡化或轻视。

心理健康教育的对象是人，其目的是解决人们心理问题，促进心理品质的优化提升、心理潜能的开发、综合素质的发展与完善。因此，心理健康教育将个体性功能置于十分显要的位置。例如，心理咨询一贯强调是为来访者个体服务，对来访者负责、为来访者保密、以来访者利益为重是国内外学者们所遵从的咨询原则之一。而心理咨询、心理健康教育之所以受到人们的普遍欢迎与重视，也与其对个体性功能的关注密切相关。然而，强调心理健康教育的个体性功能并非意味着心理健康教育没有社会性功能或者可以无视其社会性功能。在心理健康教育个体性功能的背后隐藏着重要的社会性功能。事实上，正是在促进个人心理健康、人格发展、潜能开发的这一过程中，个人生产（学习）积极性得以提高、人际关系更加和谐、道德品质不断完善、价值观念得以提升，从而创造了良好的社会心理氛围，维护了社会的稳定与和谐，并最终促进了社会的文明和进步。把注重促进人的心理和谐，加强人文关怀和心理疏导，引导人们正确对待自己、他人和社会，正确对待困难、挫折和荣誉。加强心理健康教育和保健，健全心理咨询网络，塑造自尊自信、理性平和、积极向上的社会心态提到"建设和谐文化，巩固社会和谐的思想道德基础"的高度来理解，正是心理健康教育社会性功能的生动体现。心理和谐是社会和谐的心理基础和重要组成部分，心理健康教育也是构建社会主义和谐社会，促进我国现代化发展的重要内容和力量之一。

（二）大学生心理健康教育运行的综合化发展

大学生心理素质的优化和发展是一个涉及学校、家庭、社会等多重因素的系统工程，仅靠高校心理健康教育自身的力量是远远不够的，心理健康教育的运行和发展将形成科学的综合化取向。

1.教育体系网络化

随着人们生活质量的提高和教育发展的深入，心理健康教育不仅是一套教育方法技术的选择和运用，更是一种先进教育观念的展现与弘扬。随着这种观念的不断更新和深入人心，心理健康教育将渗透于学校教育工作中的教育观、学生观、人才观、服务观和管理观念等方方面面，成为每一位大学生追求身心和谐、健康发展的内在需要，成为学校整体工作的有机组成部分，并与学校各级管理和服务部门一起构成大学生心理健康保护网络，共同促进大学生心理健康发展和高校心理健康教育的有效运行。在我国高校心理健康教育实践领域，逐渐形成了"校—系—班"三级心理健康教育网络体系：以学校分管思想政治教育工作的校领导为指导，以心理咨询机构为核心的校级心理健康教育网络；以各院系主管学生工作的领导和辅导员组成的系级心理健康教育网络；班级心理健康教育网络由经过精心选拔和定期专业培训的学生志愿者所组成。

在三级心理健康教育网络体系中，校级网络为核心，组织协调校、院、系各级心理健康教育工作的开展与整合；系级网络为关键环节，积极配合学校心理健康教育工作的开展，并为学生提供及时必要的帮助解决现实问题；以学生为主体的班级教育网络成员，既可归属于大学生心理协会，直接与学校心理咨询机构建立联系，也可以有计划地安排在各个班级和寝室，与系级教育网络直接联系。在与同学朝夕相处的生活中，给予那些心理需要关怀的同学以支持，注意营造和谐的班级、寝室环境，有意识地调节与同学的交往关系，把自己和身边同学遇到的心理问题或异常表现及时反映给系级网络或校级咨询机构，使教育人员能迅速准确地把握学生的心理动态，及时发现问题，有针对性地开展教育工作。在这个三级网络体系中，校级网络的专业水准和整体规划，以及班、系教育网络中辅导员与学生志愿者的有效培训，是实现三级网络体系有效运转的关键。

尽管就当前我国大学生心理健康教育实际状况而言，三级网络体系大多还限于理论层面的完善与构想，但作为一种综合化发展的教育理念与趋势，它将是我国大学生心理健康教育实现综合化发展的选择与取向。学校辅导是学校教育整体规划中的一部分，而并非全部。在设计学校辅导模式时，应从学校教育的整体出发，注意与其他部门和员工的联系与合作，避免白白丧失众多辅导资源。应该有意识地探索一种综合性的学校辅导模式，即把学校各种辅导资源充分调动起来，形成一种整体性的辅导氛围或环境，促使学生在这样一种具有辅导精神的环境中成长和发展。

大学生心理健康教育是由学校、家庭、社会多方教育资源及大学生自我教育力量共同构成的教育体系。在这个整合化的教育体系中，尽管学校心理健康教育是促进大学生心理素质优化完善的主导因素，但家庭与社会在大学生心理健康发展过程中有着不可低估的重要作用。校园是大学生学习和生活的主要场所，但校园不是封闭的，大学生心理健康问题的产生和发展与他们的家庭和社会背景有着密切关系。对于个体成长发展而言，家庭教育不仅是一种启蒙教育，更是一种终身教育。家庭影响既可以赋予大学生坚强、努力、乐观、自信，也可能给他们带来压力、负担、情绪的波动和个性的不足。大学生许多心理问题的形成往往有其家庭方面的原因，甚至可追溯到童年时期的经历，而这些问题的最终解决还必须依靠学生家庭的支持与配合。

从社会影响因素来说，一方面，学生心理问题的产生与社会环境因素的影响直接相关。当前我国正处于改革开放和社会主义市场经济快速发展的转型时期，人们的思想意识、道德观念及生活方式等发生了深刻的变化。大学生普遍面临着学业压力、就业压力、经济压力和社会适应的压力，一些大学生还可能遭遇着价值迷茫、信念模糊、信仰缺失、心理失衡、身心疲惫等不良心境。另一方面，大学生心理压力的缓解与减负必须得到国家与社会的帮助和参与，如就业机会的公平与增加、助学贷款的效应与保障、社会公正的提升与彰显等。同时，大学生心理健康教育工作还要与专业机构建立密切的合作关系。虽然大学生心理健康教育正在向专业化发展，但专业化进程的成熟与完善还有待时日。一些障碍性心理问题的矫正与治疗并非仅仅通过言谈就能完全康复，而配合一定医疗手段如药物辅助则效果显著，如抑郁症、焦虑症往往需要借助药物予以控制。即使大学生心理健康教育以发展性教育内容为主体，但对于障碍性咨询和教育内容也不容漠视或忽略。在一定条件下，因障碍性心理问题而导致的恶性事件所产生的负面影响会对大学生心理健康教育产生强烈的冲击。就目前我国大学生心理健康教育整体水平而言，解决此类问题还有一定的难度，需要与一定的专业机构建立长期联系，及时将部分出现严重障碍性心理问题的大学生介绍到专业机构接受专业治疗与帮助。与此同时，一些大学生出现心理问题的根源在于身体健康问题所引起的情绪波动与心理压力，需要与医疗部门联系从医治身体疾病、恢复身体健康着手。因此，心理健康教育机构与专业医疗机构的不断合作也是大学生心理健康教育工作的必然发展趋势。

2. 教育参与全员化

教育参与全员化是大学生心理健康教育体系网络化发展的必然趋势。在教育部《关于进一步加强和改进大学生心理健康教育的意见》中，除强调"建设一支以专职教师为骨干，专兼结合、专业互补、相对稳定、素质较高的大学生心理健康教育和心理咨询工作队伍"，还明确指出"高校所有教职员工都负有教育引导大学生健康成长的责任。要根据学生思想动态和心理状况，在教学、管理和服务中，有意识、有针对性地做好教育引导工作"。因此，以主管校领导为支持，以专兼职心理健康教育专业队伍为核心，以各系学生工作者为桥梁，以广大教职员工的积极参与为辅助，以大学生群体为主体的全员化教育参与发展取向也是我国大学生心理健康教育综合化发展的重要方面。

在教育参与全员化的综合发展中，主管校领导的重视和支持非常重要。首先，纲举才能目张。大学生心理健康教育涉及心理咨询机构的建设和完善，教育经费的下拨与到位，专业队伍的培训与健全，各级职能部门的合作与协调以及学生心理健康信息的收集与反馈等，这一切都必须有一位主管领导全面考虑和专职负责，把相关任务落到实处，既对学校负责，也对全体学生负责。其次，充分发挥心理健康教育专兼职队伍的专业指导与业务规划职能。以心理咨询为重要工作内容的心理健康教育是一项专业色彩浓厚的工作，没有心理健康教育专业人员的技术支持与指导，难以取得应有成效和实现专业化发展取向。最后，还应重视各系辅导员、班主任等学生工作者的教育参与。由于各系辅导员、班主任长期工作在学生工作的第一线，与大学生联系紧密，比较熟悉大学生的生活和心理行为特点，能够及时准确地发现大学生存在的问题，把握其心理发展的动向。同时，他们一般又有着较强的责任心和工作热情，有着与学生交流的工作经验。因此，在一定专业培训的基础上能够很好地发挥承上启下的教育桥梁作用。对此，教育部在《关于进一步加强和改进大学生心理健康教育的意见》中也明确表示"要重视大学生思想政治教育工作人员，特别是辅导员和班主任在大学生心理健康教育中的重要作用，加强培训，使他们了解和掌握心理健康教育的基本知识和方法，帮助大学生处理好学习成才、择业交友、健康生活等方面遇到的具体问题，提高思想政治教育的针对性和实效性"。此外，广大教职员工的教育辅助作用也不容忽视。需要强调的是，这并非要求他们在专业技能或专门化心理健康教育工作方面介入，而是强调在日常教学、服务、管理工作中具有心理健康教育的意识和观念，并通过各方面的工作对大学生心理健康产生积极的影响。如前所述，在学科教学中实现心理健康教育的渗透与融合是我国大学生心理健康教育的重要方式之一。再如，校园环境的创建与改善，宿舍管理的规范与灵活，公寓管理人员的态度与方式等与大学生日常生活息息相关，并对大学生日常心理状态、情绪状态及人格发展有着潜移默化的影响。对大学生来讲，一方面，学生是自己心理素质形成发展的主体，各种教育力量和影响源必须通过大学生自身积极性、能动性的发挥才能内化为学生自身的心理品质，自助是高校大学生心理健康教育的重要指向。另一方面，许多大学生也通过互相关心帮助、情绪感染、主动调节、群体影响、及时发现问题并与相关老师联系反馈等多种方式积极参与心理健康教育工作，成为大学生心理健康教育的重要力量。

3. 教育阶段全程化

在大学生活的各个阶段，大学生都面临着不同的心理问题，存在着不同的心理需要和心理发展任务。大学生的心理健康不存在性别差异，但年级差异显著。例如，大一学生在焦虑、人际敏感、抑郁、敌对、恐惧、偏执等方面的心理健康水平显著低于其他年级学生，大三学生心理健康水平也较差。这反映了大一学生存在适应不良的现象，而大三学生面临学习、升学与就业的诸多压力。因此，在大学生心理健康教育运行的整个过程中，需要有针对性地对各年级大学生开展不同内容的心理健康教育。既存在着与大学生活各年级发展相协调的阶段性目标，也存在着与这些目标相对应的阶段性教育内容。这些序列有致的阶段性目标和各有侧重的教育内容，内在地要求并体现着大学生心理健康教育全程化发展趋势。

结合大学生心理发展，不同年级大学生所面临的心理发展问题具有显著的差异，并呈现出一定的规律性。

处在转变期的大一新生，面临的重要发展任务是适应问题——如何适应新的学习、交往和生活环境。因此，对大一学生开展心理健康教育活动的重点是通过入学心理适应教育，使大学新生更好地认识自我、悦纳自我；认识环境、适应环境；了解专业、热爱专业；认识同学、交好他人。

处于二、三年级的大学生，面临的主要发展任务是学习求知、人际交往、目标定位、人格完善等成长发展性心理问题。此阶段的教育活动侧重于通过心理健康教育使其形成恰当的成就动机，具备人际交往的基本观念与技能，确立健康的情爱观，初步明确价值追求，并不断发展健全人格，以实现与周围环境及社会发展的良好适应，促进自身的成长与发展。

处于毕业阶段的大学生，面临的主要问题是求职择业与走向社会。此阶段的教育重点是帮助他们确立适当的就业期望，进行正确的职业定位，提高挫折应对与承受能力，增强竞争意识和社会责任感，并在知识、体格、人格能力方面为进入社会做准备。

此外，在大学生活的不同阶段，大学生所面临的同一个发展课题又有不同的发展内容。以人际交往为例，依据大学生活发展的阶段性特点将其界定为大学二、三年级心理发展的重要内容。各年级教育内容并非静止和孤立的，而是在差异中具有内在的相通性。大学一年级人际交往的辅导内容主要是对大学新环境中人际关系的适应，根据交往对象的变化调整自己已有的交往观念和交往方式，掌握与人交往的原则与技巧，克服人际交往的偏见。大学二年级人际交往的辅导内容主要侧重于小群体交往指导，如宿舍人际交往中宽容大度、求同存异、真诚关爱的交往观念，注重培养大学生与人沟通的技巧。大学三年级人际交往的辅导内容主要是克服交往障碍，学会自我调控，培养群体精神和合作精神，了解交往策略。大学四年级人际交往的辅导内容主要有人际角色训练，学会识别自己和他人的人际角色，学会扮演自己的人际角色，学会建立自己的人际网络，学会增强自己的人际交往能力和魅力。

因此，大学生心理健康教育要综合考虑不同阶段大学生的心理行为特点与发展需求，体现不同年级大学生发展任务的特定侧重点，就必须从全局出发，在教育过程中体现出教育活动的阶段性和各年级差异性，以实现心理健康教育运行的全程化发展的重要性。

第四章　高校大学生常见心理问题分析

第一节　高校大学生常见心理问题的分类

一、适应问题

适应问题（包括适应障碍）是许多大学生在新入学阶段的常见问题，多是由于环境陌生、不习惯集体生活，学习新知识遇到困难等因素引起的，也有些大学生同时伴有情绪不佳、学习效率下降，甚至产生焦虑、抑郁、失望、悲伤，生理功能紊乱等情况。

由于每个人个性不同，来到一个新的环境以后，虽然处于相同环境，但可能产生完全不同的反应。大学学习与高中学习有很大差异，面临着从被动学习到主动学习的转变、从单一科目到综合学科的转变、从固定课室到流动课室的转变。学生容易产生学习目标不明确、学习方法不科学、学习效果不显著等问题。另外，大学更注重学生课外实践的培养和教育，部分大一新生积极参与社团活动，导致其无法有效兼顾专业学习和课余活动。部分大一新生尚未做好由高中过渡到大学的准备，不知该如何适应丰富的校园文化生活。部分学生难以适应大学生活环境、宿舍环境、人际环境。

一般来说，有相当多的大学生是从小受到父母和家庭的无微不至的关心、照顾，个人要求以及情感上大多能够得到满足。进入大学后，原有的习惯思维定式及性格特点多会受到一些心理挫折，加之经济上需要自己安排和掌握，生活上由原来的由父母管理、安排，改为需要独立安排时间，掌握作息，自主学习，碰到的学习问题也要自己去设法解决，遇到的人际关系问题也要自己独立面对。这种环境的反差和变化带来的问题在健康心理学中称为"社会文化性心理应激源"，需要当事人以顺应的态度和方法来应对和处理。

应对，在心理学上又称为应对方式或应对策略，是个体为缓冲应激源的影响，应对心理压力和挫折，摆脱心理冲突，保持心理平衡的认知适应性行为过程。个体为了减轻或改变不良情绪，可以采取宣泄、娱乐、运动等方式，在行为上也会努力改变自己，如参加运动、结交新朋友、寻求社会支持、找人倾诉和交流等。但有些人采用一些消极的适应方式则可能会带来一些新的问题，如闭门不出、卧床，甚至不去教室上课、饮酒、外出不归、上网甚至沉溺于网络形成网瘾，以及其他一些颓废的行为，就不仅仅是不健康，同时也是某种危险的行为。也有一些人出现了健康问题，表现为不适、乏力、疼痛、消化障碍、便秘、心悸等症状，这便是心理和生理反应，以及某种亚健康反应。

二、学习问题

中小学时期，大部分同学在学习上得到了长辈物质与精神的全力支持，一心奔着考入理想大学这一目标不懈努力，老师、家长时常督促，大部分同学习惯了这种教育方式。在大学，学生应完成由他人督促学习到自觉学习的转变，学会明确学习目标、独立思考、善用多种学习方式完成学习任务。若学生不能顺利地完成这一转变，就会出现一系列的学习问题，如学习目标不明确、学习方法不得当等。进入大学前很多同学在班级里备受瞩目，多次荣获奖励，进入大学后仍自信满满，为了取得好名次，得到奖学金和更多荣誉，他们会更加努力，动机太强导致考试焦虑，或是因未达到学习目标而产生气愤、无助等消极情绪，造成沉重的心理压力。

高校大学生的学习问题虽说因人而异，但通常具有共性，主要是围绕着个人的学习、学业等产生的。归纳起来大致有如下几类：

（一）迷茫

这类问题的表现是学习目标的困惑。一些同学在中学时期的主要目标是考上大学，而一旦真的上了大学，发现大学里并不像中学时期那样单一，不再仅仅以课程学习和考试为主，而是有更多可学的内容，导致选择困难，产生困惑。也有同学在中学时是老师和家长的宠儿、学习的尖子、大家的榜样，但到了大学以后，才发现学校里高手如林、竞争激烈，学习的优越感丧失的同时，学习目标也变得迷茫了。还有的同学，进入大学以后被丰富多彩的大学生活所吸引，目标过多——既想像某些同学那样成为学习的尖子，取得优异的成绩，将来继续考研，读博，出国深造，又想自己能够像某些同学那样，参加各种校园活动，如演讲比赛，文艺表演，以展示歌喉和才艺，还想加入学生会，成为出色的学生干部，培养和锻炼自己的组织才干。这种多样化目标也是一种学习目标不明确和迷茫的表现。

（二）适应障碍

良好的适应能力是心理健康的关键指标，是衡量大学生心理健康与否的重要标准。与高中相比，高校大学生的学习、工作和生活，乃至大学的环境、教师教学等各方面都与高中有很多不同，因此适应能力就显得更加重要。对于一些大学生而言，适应大学的生活、环境和学习还是比较困难，有少数人甚至四年下来都没有适应大学生活，导致对学习缺乏兴趣和积极性，进而出现学习困难的情况。

（三）恋旧

这种类型是怀旧或恋旧，表现为留恋过去，甚至强烈想回到过去。对新的环境、新的学习内容、学习方式、学习方法，对教师所教授的课程感到陌生和不适应，不愿意接受。有这些感受的同学大部分不能接受新的学校的学习方式和学习生活，无法找到自己过去在学习中的成就感、收获感和学习的愉悦感。和周围的同学相比，自己没有进入理想的学习状态，或者还没有学会和适应所读大学对大学生所要求的自主学习方式，不会主动学习。在没有老师和家长为自己安排学习内容和学习方式的被动式没有改变时，对大学学习方式不适应。如不会利用网络去查找资料，没有学会独立分析问题和解决问题，不会利用大学的图书馆和实验室自主性地寻求疑难问题的答案，没有学会和老师主动沟通并请老师解答自己学习中的疑问及重点。也就是说，还没有学会变被动学习为主动学习，所以就产生了新不如旧，希望回到中学时代的想法。另外，同学之间的陌生以及没能很好地开展互帮互学也是造成这类心理问题的原因之一。

三、人际关系问题

在大学校园中，来自不同地区的学生聚集在一起，由于各自的成长环境和文化熏陶的差异，"00后"个体的独特性显得非常鲜明。如何与老师、同学和睦相处，拥有良好的人际关系是大学生必须面对的重要课题。良好的人际关系有助于大学生尽快适应大学生活，在需要支持与帮助时可以调动更多的积极资源，这对个体的健康发展极为重要。而当今大学生的人际关系问题主要表现为不擅沟通、缺乏交往技巧、以自我为中心、过度自卑或过度自大、没有主见等。当出现抑郁、孤独、苦闷等感受时难以自我调节，可利用的社会支持较少，导致出现严重的心理问题。

刚刚入学的大学生面临新的环境、新的人际关系和新的教学模式。现实中的大学和他们心中想象的大学可能完全不同，他们在心理上会产生落差。大学是个小社会，大学中的人际往来不像中学时期那么简单，很多学生无法适应这样的生活。大学里的同学来自全国各地，有不同的地域特色和生活习惯，室友之间、同学之间相处起来很容易产生矛盾。在大学中，学生和教师的关系也发生了极大变化。大学学习要求学生有较强的自控能力和自律能力，教师离学生的生活较远，师生之间沟通交流较少。有些无法排解心理问题的学生选择沉迷网络，在交流门槛较低的虚拟世界中满足自己的心理需求。

四、情绪情感问题

大学时期正值人生青春勃发的美好时期，青年人生理发育进入成熟阶段，对美好生活的向往也会使每个年轻的生命对大学生活充满了憧憬。但由于人生价值观的不同，各自家庭、成长环境、经济基础各异，加之各人的性格、兴趣、爱好差异，情绪情感的需求和满足方式各不相同，产生的问题也各不相同，常见问题有如下几种：

（一）自卑

自卑是一种常见的心理问题，其起因大多和不理想的教养方式有关。例如缺乏适当的心理指导、鼓励,缺乏良好的社会支持系统,不良的家庭环境,如家庭气氛不佳,不在父母身边,或由祖父母、外祖父母抚养,或接受的批评过多,有歧视性称谓,幼年时受到冷落和嘲笑,自认为自己的某个方面不佳(如身材、容貌等)会成为别人的笑柄而感到自己低人一等。如果在成长过程中不能积累和培养自信,对自己的负面印象太多或太过深刻,这种观念很可能形成刻板印象很难改变。

大学校园生活不同于以往的中学生活,多种多样的社团活动,丰富多彩的校园文化以及各色各样的社会实践活动,为大学生展现自我才能提供了广阔的空间。因此,在大学阶段,那种以成绩优异而获得老师表扬和周围同学羡慕的优势已不足为奇。在活动中,他人表现出的才艺和能力往往会让一些大学生感到自己相形见绌。加之在学习、人际交往等方面面临的压力,以及自身的某些经历和缺陷,一些大学生往往会产生落差感和心理上的不平衡,不能形成正确认知,导致对自我评价过低,不能客观公正地认识自己和接纳自己,从而产生消极的不良的心态,引发强烈的自卑感。这样导致他们失去交往的勇气和信心,更易出现情绪化的状态,过分压抑自己或者以一种极端的方式发泄自己的情绪情感,最终导致消极的情绪情感体验,大学生这种容易自卑的表现使他们难以获得积极的情绪情感,给他们的健康发展带来了一定危害。另外,自卑的人大多较为被动,不愿或不敢承担责任,这样虽然心理压力会稍微小一点,但长此以往,又会增加自卑心理,所以积极参加各种活动的同时,努力争取承担一定的责任,也是逐步克服自卑心理的行之有效的实践方法。

(二)焦虑抑郁

由于每个人的生活环境都是千变万化的,人在这种不断变化的环境相互作用之下，其心理状态也会有丰富的、微妙的、波澜起伏的变化，而焦虑、抑郁这种不良情绪情感也会像愉快、喜悦、满足等正面情绪情感一样经常发生，困扰人们的正常生活。

一般焦虑是指一种对未知未来的不安体验，在每个人的正常生活中也都时常出现，一般不会对个体的正常心理健康产生明显的不利影响。但如果太过频繁，或太过敏感、强烈、突出，以至于明显影响到了个体的正常学习、生活时，就需要引起关注，必要时需要请心理学的专业工作者帮助解决。

抑郁情绪虽然不像焦虑那样容易发生，但抑郁的不良情绪会因性格、身体条件等个人因素导致，且一旦发生，极易影响个人的心理健康。虽然造成抑郁情绪的原因可能很多，但产生抑郁情绪大多均有一定的性格、习惯、人生观念、价值观等基础，而且一般并非其经济状况导致的。也就是说，有很多人的经济状况很好，但仍较易发生抑郁的现象。由此证明，在所有的易感因素中，性格气质类型的影响作用可能更大。相反，有不少人家庭经济状况并非上乘，但乐观开朗、坚强的性格会使其较少发生抑郁情绪。

（三）失恋的不良情绪

埃里克森人格发展八阶段理论指出，青年期的主要任务是建立深厚的友谊，从另一个人那里获得爱和陪伴感，或共享的自我认同。孤独感或孤立感可能源于无力建立友谊或亲密关系。这时候爱人、配偶、亲密朋友（男女两性）是关键的社会代理。大学校园是一个相对自由的环境，许多学生在进入大学后确定恋爱关系。由于多数学生缺乏恋爱经验，导致在恋爱时不能进行有效沟通，难以相互理解和包容，有意无意地做出伤害对方的举动，造成恋爱中的矛盾冲突。

当这些矛盾冲突无法妥善解决时，便会产生痛苦感，久而久之就会引发一系列的心理健康问题。

一些失恋的大学生会受不了对方的离开或是伤害内心出现焦虑、不安等不良情绪，甚至陷入极度绝望与孤独。处于失恋心理危机的大学生可能会产生抑郁情绪，对待他人更加冷漠，害怕感情的付出，出现遇人躲闪的现象。有的人还会产生报复心理，以伤害对方来发泄内心的不满情绪，少数人甚至产生自杀倾向。这些都是偏激的不良行为，会严重危害大学生身心健康发展。

（四）网络成瘾问题

虚拟世界中带有暴力、色情、颓废、消极色彩的内容给大学生心理健康造成诸多不良影响，如认知能力发展的失衡、情感趋于冷漠、畸形人际关系等，这些影响增大了网络社会与现实社会的差距。网络性心理障碍导致学生成绩下滑、厌倦学业、不想进行人际交往、个性变异，形成孤独与抑郁的心理特征，严重影响大学生的心理健康。

第二节　高校大学生心理健康的影响因素

影响大学生心理健康的因素主要包括两大类：一是内在因素，主要是指大学生的生理、心理健康状态。二是外在因素，主要包括家庭环境、学校教育和社会影响等。

（一）内在因素

影响高校大学生心理健康的内在因素主要是指大学生个体的身体健康状态和心理因素，这是影响大学生心理健康的主要原因。

1. 生理因素的影响

影响高校大学生心理健康的生理因素主要体现在以下三个方面：

（1）遗传

心理发展的生理前提首先是遗传。尽管心理活动本身不是遗传的，但心理活动本身离不开人的大脑等器官，因此受到遗传因素的影响。不同的个体也具有先天差异性，并形成不同的气质特征。这是不同大学生个体心理健康状况差异的重要原因。

（2）大脑健康状况

大脑是产生心理活动的生理基础。健康的大脑能够合理产生和控制心理活动与行为，而一旦大脑受到伤害，便会影响到人的智力状况，影响正常的记忆和思维能力，甚至可能导致器质性心理障碍。

（3）身体健康状况

身体健康有利于维护健康的心理，而严重的身体疾病或生理机能障碍则会影响个体的心理健康。这主要是因为生理上的疾病或者功能障碍，如成人甲状腺功能亢进、微量元素的缺乏等，都会引起人的情绪不稳定，出现紧张、焦虑等不良情绪，或脑功能异常等问题，最终影响个体的心理健康。

2. 心理因素的影响

个体的认知、自我意识、性格和情绪等因素是影响心理健康最重要的因素。

（1）认知

认知是人们看待事物的方式，包括一个人的思想观念、看待事物的思维方式、评价是非的标准、对人对事的基本观点等。认知的对象包括客观世界和个体本身，不同的人在认知方式和态度上有所不同，因此在认知结果、情绪和行为中也都有一定的差异。如果对客观世界做出歪曲事实的不客观、不合理的认知，这种情形就被称为认知失真。大学生心理发展还不够成熟，受到外界的影响后容易造成认知失真，如对自我评价过低，片面放大生活中小的挫折或失误，消极暗示自己流年不利等，都容易导致消极的情绪，诱发抑郁症等心理疾病。

（2）自我意识

自我意识的发展状况是衡量大学生心理健康程度的重要标准。随着年龄的增长，自我意识得到快速发展，但是有时也会对自己做出不科学或不客观的评价，在人际交往中还会把握不好"自我"的度，如自控能力有待提高、以自我为中心争强好胜、清高自傲、不合群、逃避现实、过度从众、过度依赖等。这会影响大学生与他人的正常交往，也不利于大学生保持良好的心理状态。

（3）性格

不同性格的人，对待同一个事物的看法会有所不同。通常而言，活泼、乐观、豁达等性格有利于大学生保持积极健康的心态，而孤僻、偏执、急躁、自负等不良的性格不利于大学生处理好与周围同学的人际关系，看待问题时容易走极端，可能还会导致大学生产生孤独、无助、压抑、挫败感等不良情绪，甚至会引发心理障碍。

（4）情绪

大学生处于情绪敏感且易波动的特殊时期，有一部分大学生自控能力相对不足。外界的刺激和影响容易造成情绪的波动，不能冷静思考身边发生的事情，不能及时用理智调节自己，或者放任自己的感情，内心出现各种冲突和矛盾。

特别是随着性生理的逐渐成熟，大学生渴望接近异性，在追求异性、陷入热恋或失恋过程中有时会难以控制自己的情绪，面对挫折容易出现懊恼、焦虑等状况，以及心理失调或极度情绪低落。

（5）心理承受力

部分大学生缺乏自我约束力和调控能力，当其心理受到刺激时，往往无法冷静地运用理智正确调节自己。在遇到烦恼时，往往会暴跳如雷，出言不逊，将情绪发泄到周围人身上。

青年大学生在中学时期一般都是在父母和教师的关心和保护下学习生活。进入大学之后，大学生离开父母的监护开始独立学习生活，这种环境改变使得大学生需要独立面对来自学习、人际交往、感情等方面的困难。如果遇到考试不及格、同学关系紧张等情况，对于少数心理抗挫能力较差的大学生来说，可能会灰心丧气，产生悲观、失望、抑郁的情绪。如果不及时加以调整和控制，可能会慢慢演变为心理疾病。

（二）外在因素

除了个体的生理和心理等内在因素外，外界环境也对高校大学生的心理健康状态产生显著影响，主要包括家庭因素、学校因素和社会因素。

1. 家庭因素

"00后"大学生自小受到家庭的宠溺，几乎没有经历过挫折，生活自理能力相对较弱。他们进入大学后，远离家人的呵护，遇到一些困难和挫折时很容易产生一系列心理问题。以往研究表明，家庭教养方式、家庭氛围、家庭经济状况等都会不同程度地影响学生的身心健康状况。来自城市的大学生见多识广，拥有更多资源，会给来自农村的大学生带来一定的心理压力，容易引发其自卑感。父母期望过高、管教严厉的家庭，会导致孩子缺乏个性，容易产生焦虑、依赖等心理困扰和问题。家庭经济相对贫困的大学生容易出现自卑心理。与独生子女相比，非独生子女无法独享父母完整的爱，更需要考虑他人的想法和感受，很多时候需要综合考虑兄弟姐妹的情况来做决定，因此，非独生子女更容易产生多方面的心理压力和困扰。

2. 学校因素

学校是大学生学习和生活的主要场所。新生进入大学后开始独立自主地学习和生活，学习生活环境和角色都与过去发生较大的变化。面对来自五湖四海，性格、家庭条件等方面存在较大差异的同学，大学生此时在独立生活和人际交往等方面可能会出现紧张和不适应的情况。大学生长期在学校学习生活，第一次远离家门，没有了父母的呵护，会让他们产生恋家心理。如果不善人际交往，课余生活中没有找到兴趣点，可能导致人际关系紧张、生活单调乏味等诸多烦恼。

此外，与中学学习相比，大学学习更强调学生自主学习，学习方式和学习内容也发生了较大的变化。如果不能适应大学学习的方式，学习成绩不理想，或者对就读学校、所学专业不喜欢也不认同，都可能造成大学生感到学习压力沉重，或者对学习失去兴趣和动力、出现精神世界空虚等情况。

3. 社会因素

美国精神分析学家哈内认为，许多心理变态是由环境的不良适应而引起的。我国社会经济的快速发展，社会结构和人们的生活模式发生较大转变，中西方文化和价值观并存导致激烈的冲突和碰撞。在这样的社会环境下，大学生面对社会的快速发展、急剧转型及多元文化和价值取向时，不知道该如何面对和取舍，感到矛盾、茫然和困惑，长此以往便容易产生紧张、压抑、空虚的情绪，引发对社会环境的不适应。

大学生进入大学校园以后，开始新的生活。随着改革开放社会的飞快发展，诸多西方元素大量涌入国内。大学生年纪尚轻，原本的家庭环境以及传统教育突然面临着多种西方新事物的碰撞，面对众多选择容易让大学生产生紧张、矛盾、无所适从等心理状态，长期如此大学生心理健康就会受到影响。

同时，随着网络已经完全渗透到大学生的学习生活中，虽然为学习生活带来了便利，但网络上存在的负面价值取向的信息，给大学生的精神世界带来不良影响。还有少数大学生沉溺于网络游戏和虚拟空间，逐渐丧失了现实生活中人际交往的动力，不利于大学生保持健康的心理状态。此外，当前严峻的就业形势也给大学生造成了极大的压力。有些大学生自从进入大学起就为毕业后的就业问题所困扰。

第三节　高校大学生常见心理问题的解决途径

一、自学与互学

大学生心理健康教育是理论与实践相结合，同时重在实际效果的教育。这种教育要取得预期的效果必须有深入的全员动员，全体受教育者的主动参与和实践。所以，所有教育教学手段的应用目的，都是使受教育者学习、应用心理健康知识和方法而使其自身获益。另外，其获益的效果也应当是努力使每一个受教育者都能够终身受益，而培养受教育者具有这方面的自学能力，掌握正确获取心理健康知识和应用方法的自学方式就显得尤为重要。因为，一个人终生可能会遇到形形色色各种各样的人和事，要想使一个人能长久地保持心理健康，就必须掌握维护心理健康的基本方法。面对更加复杂的社会、工作、生活时能较好地用这些方法保持自己的心理健康。教会一个人防范如何注意安全，不要被大水淹没的技巧同时，最好也教会他游泳和水中搏击，而学会自学的基本方法和培养基本自学能力，就相当于教会他游泳的基本方法。自学的方法有很多，除了学习心理学的基本知识，阅读心理学基础学科的教材和书籍以外，心理健康的科普读物、杂志的阅读也是常用的方式。另外，遇到相关问题时有针对性地学习心理学、社会学相关知识及心理学应用知识也是自学的重要方式。互学是自学的补充，互助沟通不但能让自学蔚然成风，更能促进人际交流，取长补短，相得益彰。

二、课堂学习

对于心理健康教育来讲，课堂学习不仅重要，而且是落实心理健康教育的保障。因此，课堂教学应是专业化、正规化、制度化的，是能够使受教育者学习到真正的心理学知识的学校教育，是能够使这些知识学以致用，并在实践中经过检验证明其科学性和正确性的，是其他任何方法都不能代替的学习方法。

所以，课堂学习的知识既要系统、扎实、深入，又要深入浅出，在有限的课时中使学生能尽量多地掌握心理健康学的知识。学生在学习中也必须积极、努力。因为其学习的目的和作用，不仅在于课堂学习的成绩和知识的记忆，更重要的在于其知识的实际应用价值和其终身受益的实际效果。

课堂教育方面要实现心理教育课程化。培养健全人格是教育的重要任务，相应的，社会评价的指标也不能仅仅以学历为参考，还要观察其人格，将心理健康教育划入教育体系的范围。教师要注重培养学生的心理品质，开展与心理健康有关的课程，推动心理健康不断向着系统化、规范化的方面发展，不断提升大学生的心理学必备知识和常识。心理教育课要注意到以下的特点：一是要趣味化，针对学生中存在的问题通过故事、表演等方式进行提出，让学生在轻松的环境下提升自我心理修养能力。二是要行为化，将教育要求及时转变为行为训练的要求，做到言出必行、言行一致。

三、心理测量的应用

心理测量学起源于 19 世纪末 20 世纪初，经典测验理论是最早实现数学形式化的心理测量理论之一。该理论将个体在测量工具上的表现称为观察分数，观察分数既包含测量工具所测特性的真实值，也包含测量中存在的误差。虽然真实值无法直接获得，但可以通过观察分数来间接推出。当重复进行无限多次测量时，观察分数的期望值就会无限接近于我们关注的真实值。CTT（Classical Test Theory）的理论体系较为完整，模型直观形象、易于理解，已被广泛接受和应用。

在心理健康教育过程中，心理测量可以掌握学生的总体心理状态和常见的心理问题，并准确地分析其人格特征，及时消除他们的心理障碍，同时可以提高自我认识，不断挖掘其潜能，对指导个体的健康成长发挥重要作用。因此，许多学校将心理测量作为心理健康教育的一个不可缺少的组成部分。

青年学生了解自己的不完美，有时存在自卑感或自卑倾向，心理测量可以帮助学生理解自己的能力、个性特征、自我优点和缺点、性格、爱好、学习动机等，这有利于学生形成一个全面科学的自我意识，更好地了解自我、接纳自我和发展自我。教育工作者也可以通过心理测量了解自我心理特征，合理释放压力和不良情绪，培养积极的行为模式，以减少职业倦怠的影响，从而更健康地生活和工作。同时，心理测量为个体的未来发展和职业选择提供了科学依据。

心理测量在心理健康教育中的作用还表现在为心理咨询、诊断和预防提供一定的参考。学校需要对学生的心理发展（如个性、情感、智力、学习适应性等）进行分析，建立学生心理档案，及时发现问题，并争取在萌芽期解决，合理引导学生的发展方向，并提供心理指导、咨询或治疗。

在高校大学生心理健康教育中，心理测量法是常用方法之一。通过心理测量方法的应用，学校教学管理及研究机构、部门、专业心理学教师可以借此更加客观、准确、科学地掌握相关受教育者的心理健康状况，并根据每个人的具体情况，有针对性地进行工作，因材施教。同时也需要根据测量结果为全体学生建立心理健康档案，便于更好地为学生服务。学生也可以通过学习，掌握心理测量的基本原理和方法，为维护自己的心理健康学会一种心理学的科学方法。

心理测量是心理评估的方法之一，心理评估还包括调查法、晤谈法、观察法等。而心理测验则是一种对个人的心理状况进行客观分析和描述的、较为客观的、标准的方法。目前，据统计已经正式出版的心理测验有 5000 余种，且根据心理学家的研究成果转化和新增的心理测验每年仍在持续开发中。

心理测验可以根据不同的分类方法分为不同种类。例如，根据实施测验的方式可以分为个体测验和团体测验；根据测验材料的性质可以分为文字测验和非文字测验，非文字测验又包括图形测验、仪器测验、模型测验、工具测验、实物测验和近年来发展最快的计算机辅助测验；根据测验原理、目的、方式，又可分为有限制测验和无限制测验，常规测验与投射测验等。以下介绍按照测验目的进行的分类：

1. 能力测验

能力测验包括智力测验、心理发展测量、适应行为测验、特殊能力测验。

2. 人格测验

人格测验主要测量个体的性格、气质、动机、兴趣、态度、人生观等人格特质。

3. 神经生理测量

神经生理测量主要用于评估个体的神经系统及脑功能状况，多在医学领域应用。

4. 临床评定

临床评定主要是医生对被试者某个方面进行医学临床评估使用。

5. 职业生涯类测量

职业生涯类测量主要用于指导被试者在求职、就业、生涯规划等方面的抉择。如职业兴趣，根据一个人的兴趣爱好类型更适合选择什么职业进行测评。又如，一个人从事社会职业更适合向哪个方向发展？是否适合做管理工作？是属于务实型还是技术型等问题。一般在进行这方面评估时，心理学家也会常常结合智力测验和人格测验的结果进行综合分析，提出相应较为客观的指导建议或意见。

大学生在接受大学生心理健康教育的过程中，可通过心理测量更加客观、准确地认识自己，尤其是自己的气质、能力、性格、智力发展的具体状况。了解自己的心理优势，发展自己的专长，同时也能及时发现自己需要注意克服的不足，加以注意、避免心理健康方面的可能的危害，以利于自己的健康成长和发展。

四、团体心理辅导与朋辈心理辅导

心理辅导是近些年发展起来的，主要是相对于心理咨询和心理治疗而言。心理咨询或心理治疗一般是针对某一类明显的心理困惑的个别的心理学帮助，而心理辅导则针对一般相对较轻的问题，或仅仅是一般性的某些校园现象。而且团体之间或朋辈之间更加亲密、随意，共同点更多，可谈话题也更容易展开。另外，近些年各高校心理教师发现和创新了更多的团体心理辅导方法，融入了更多的时尚元素，使学生更乐于参加这样的团体活动，并且更乐于在团体中表现自己。多种艺术形式的引进，如朗诵、情景剧、音乐等，使学生在陶冶身心过程中也更容易触及心灵，取得了较好的效果。

团体心理辅导是指在团体心理环境下，由专业心理导师针对有关成员进行心理辅导的科学方式。不同于个性化的辅导，团体心理辅导是在小范围内针对特定群体开展的心理辅导。这样科学且精细化的辅导方式，通过全方位凸显团体成员之间的相互关系，能够更好地增强个体的信任感以及归属感，帮助个体在人际交往中实现自我认知与自我探索，从而逐步改善人际关系及提高社会适应能力，最终达到预防心理疾病和解决各种心理问题的目的。

团体心理辅导一般一次不宜人数太多，以便于人际沟通和交流。一般会根据某些共同特点如年龄、性别、兴趣、爱好等进行组织。在开始后，一般由主持者对要探讨的问题进行分析和讲解，或由相关人员来介绍问题的有关方面，也可借助录像、录音、参观等使参加者对问题加深了解和认识。然后由主持者组织讨论，借助情境再现、角色扮演等方式来尝试问题的解决办法。主持者根据情况及时给予提示或心理辅导，在进行过程中鼓励参加者发表个人观点和看法，参加者之间也鼓励交流。后期主持者及时把握进展，并及时给予点评和总结。

团体心理辅导可高效地解决带有一定共性的心理问题，参加者的心理压力也较小，形式相对轻松，气氛一般较宽松、融洽，这也利于参加者克服自卑感，孤独感，消除过多的担忧。团体成员之间的交往和相互感染力优势本身就具有改善情绪作用，相互启发、思想交流和碰撞也是很好解决问题的媒介。当然不是每个人都会感到很理想，有很好的收获或效果，有些人的问题也可能更需要个别心理咨询或辅导。不论是心理教师还是学生，对此都应当有较为客观、科学的认识。

国外学者将朋辈心理辅导理解为非专业心理工作者经过选拔、培训和监督向寻求帮助的年龄相当的受助者，提供具有心理咨询功能的人际帮助的过程。团体心理辅导是在团体情境下，借助团体力量以及带领技术，通过团体内的人际互动，促使个体通过观察、学习、体验：认识自我、探索自我、接纳自我，改善与他人的关系，学习新的态度与行为方式，最终达到提高心理素质、促进人格全面健康发展的目的。

朋辈团体心理辅导是指受过专业培训督导的带领者对和自己生活阅历相仿、受教育程度相当、兴趣爱好相似的人群所进行的心理辅导。在高校中，主要是指在学生之间由一到两位朋辈团体辅导员同时对几人到几十个人进行的心理辅导。

高校方面需要综合考虑和统筹协调影响学生心理健康的多种因素。第一，加强大学生心理健康教育，举办专题教育活动，如心理讲座、心理沙龙、心理主题班会、心理素质拓展、心理漫画比赛、心理剧比赛等，最好能够做到常态化、普及化，满足大多数学生的心理需求。第二，加强心理健康教育队伍的素质培养，如召开专题研讨会议、专家现身说法、心理健康队伍培训交流会等，进行定期的心理健康知识和技能培训，提高教师队伍整体的心理专业素质。

根据目前各高校开展的情况，这种方式帮助作为求助者的学生解决了相当多的一般性心理问题，如临时发生的情绪困扰，人际关系中的小摩擦和小矛盾引起的不愉快，个人情绪情感的问题等，取得了较好的效果。所以，在此基础上进一步普及心理学知识，加强"朋辈"心理辅导员的培训已成了大家的共识。

第五章　大学生心理健康教育与心理危机应对

新一代大学生，面临着时代、社会、家庭、自我发展等各种压力的激增，心理容易出现问题，这一情况已经引起了当前教育界的重视，成了所有教育者共同关注的热点话题。为了能够有效地缓解这一情况，需要社会、家庭以及学校共同努力应对。

第一节　大学生情绪管理教育

一、情绪概述

（一）情绪的含义

情绪是人对客观事物能否满足自身需求而产生的一种体验。需求是情绪产生的基础和源泉。通常情况下，当个体需求得到满足，人们就会相应地产生惬意、欢乐等积极的、肯定性的情绪体验。相反，需求得不到满足时，则可能产生烦恼、忧伤等消极的情绪。

根据情绪的强度和持续时间的长短，可将人的情绪划分为心境、激情、应激等情绪状态。

心境是指一种比较微弱而持久的情绪状态。这种情绪带有弥散性，当一个人处于某种心境时，周围的环境事物似乎也会被赋予相应的情绪色彩。积极的心境使人振奋乐观、朝气蓬勃；消极的心境使人颓丧悲观、郁郁寡欢。高兴时觉得花欢草笑、青山点头；悲伤时觉得心灰意冷、悲观绝望。

激情是一种持续时间短、表现剧烈、难以控制的情绪状态，其特点是短暂性的、爆发性的。积极的激情能激发人们积极向上；消极的激情往往会导致人们认知范围受限，理智分析能力受抑制，自我控制能力减弱，从而做出一些破坏性的事情。

应激是由一种出乎意料的紧迫情况引起的急速而高度紧张的情绪状态。其表现为积极和消极两种状态。处于积极状态时，头脑清醒，思维敏捷，动作准确，能做出平时不能做出的动作，从而化险为夷，转危为安，及时摆脱困境；处于消极状态时，目瞪口呆，惊惶失措，语无伦次，使人出现不必要的动作。

（二）情绪表现

情绪既是一个复杂的心理现象，也是一个复杂的生理过程，情绪变化的同时会伴有生理变化和表情等外部行为的表现。

1.情绪的主观体验

情绪的主观体验是指人主观上感觉到的情绪状态。情绪有十分独特的主观体验色彩，如受伤害时感到痛苦、需要得到满足时感到愉快、面临危险时感到恐惧、被侮辱时感到愤怒等。

2.机体的变化

情绪刺激可以引发一系列生理反应，包括呼吸系统、循环系统、消化系统和外部腺体（汗腺、泪腺）与内分泌腺活动等一系列的变化，也可以引起代谢和肌肉组织的改变。因此，在人发生情绪时，内脏器官和内分泌腺体等都经历一系列的生理变化。

3. 表情表达

（1）面部表情

瑞典心理学家伯德斯德尔曾说过，人脸可以做出 25000 余种不同表情。面部表情是情绪表现的主要形式，是指眼、眉、嘴等的变化。例如，悲伤时眼部和嘴角下垂；哭泣时眼部肌肉收缩；愤怒时眼睛瞪大，嘴角张开；盛怒时横眉张目；困窘、羞愧时面红耳赤等。在面部表情中，以眼最为传神，眉开眼笑、暗送秋波都是通过眼睛传出去的。

（2）体态表情

美国学者戈登·修易斯指出，人体大约可做出 1000 余种平稳的姿态。人体的各种不同姿态组合都会有不同的情绪内容。例如，骄傲时挺胸抬头，步伐自信；惧怕时手足无措；害羞时忸忸怩怩。一个人歪着头听你讲话，可能是欣赏的态度；左顾右盼是不诚心的态度；摇头晃脑是心不在焉或不耐烦的态度。每一个姿态都有其内在的含义，都在表达情感。

（3）言语表情

情绪在语音、节奏、速度、声调等方面的表现称为言语表情。研究表明，言语表情所传达的情绪信息比言语本身更丰富。例如，愤怒时声音高亢、尖锐且颤抖；喜悦时语速较快，语调高低差别较大；悲哀时语调低沉，言语缓慢。

（三）影响情绪的主要因素

情绪产生的原因错综复杂，既有外部因素如社会、学校、家庭的影响，也有内部因素如生物遗传及生理、心理特点的影响。

1. 生理因素

由于情绪是一种涉及全身各个系统的整体激活的反应状态，因此它有着极其广泛的生理基础或物质基础。情绪过程与自主神经有联系，人在情绪状态下，其心率、血压、呼吸的快慢程度、胃肠蠕动的频率及强度、血糖的浓度、血管的收缩与舒张活动、瞳孔的大小、汗腺的分泌及皮肤电阻等，都会发生不同程度和不同方式的变化；情绪过程也与内分泌腺有联系，内分泌系统通过调节糖和脂肪的代谢活动，为情绪活动提供了必要的能量支持。

2. 心理因素

个体的知识经验、认知方式、情感成熟水平、意志品质和个性特点等心理因素都会对情绪变化发挥作用。例如，容易陷入情绪困惑中的人，其心理特点通常会表现为情绪不稳定、冲动、易暴易怒或者消沉、冷漠、郁郁寡欢；在意志特征方面，过分紧张不安、经受不起挫折、不易摆脱内心矛盾；在自我意识特征方面，过分自尊或缺乏自信，自贱自卑；在社交特征方面，孤僻、自我封闭、敏感、多疑、心胸狭窄、好嫉妒。

3. 环境因素

环境因素包括家庭、学校和社会三个方面。家庭环境包括家庭结构、家庭气氛、父母关系、父母情绪特征及教养方式等。研究表明，家庭结构稳定，家庭气氛融洽和谐，父母情绪稳定，民主型的教养方式等均有利于儿童、青少年情绪心理的健康发展；家庭压力过大，气氛紧张或淡漠，教养方式不当，溺爱、严厉或漠视，都可能使青少年适应不良，产生情绪困扰。学校环境包括教育方式、学习压力、人际关系、教师身心健康状况等。学校环境中紧张的人际关系、繁重的学习压力、单调的教育方法，以及教师的人格缺陷、不当的教育方式等都会引起大学生的情绪问题。社会环境包括社会文化背景、社会变革、社会的经济条件、政治条件、文化条件等。

二、大学生的情绪特征、困扰以及健康情绪的表现

（一）大学生情绪的特征

大学生正处于青春期向青年期的过渡时期，他们在生理发育上接近成熟，心理上也经历着剧烈的变化，尤其在情绪方面。相对于中学生而言，大学生的情绪内容趋向于深刻和丰富，情绪的表达趋向于内敛，情绪的变化也逐渐趋向于稳定。

大学生所处的年龄阶段、社会角色和知识素养在他们的情绪特征上留下了自己的烙印。

1.丰富性和复杂性

从所处的生理阶段来看，大学生正处于青春期（14~25岁）。这一时期是人生面临多种选择的时期，学习、交友、恋爱等人生大事基本在这一阶段完成。这一阶段的个体具有以下一些特征：生理基本成熟而心理尚未完全成熟，处于心理断乳期，易受到外界的干扰；对人、事、社会等各种现象特别关注，对友谊与爱情执着追求，对新鲜事物十分好奇，对学业和未来充满信心，朝气蓬勃，积极进取，拥有许多积极情绪。但大学并不是世外桃源，同样也会面临竞争与压力。考试不及格，朋友误解，恋爱失败甚至天气变化等都可以导致大学生的

消极情绪的产生。因此，大学生的情绪丰富且复杂。

2. 两极性和稳定性

社会、家庭、学校及生活事件都会对大学生的情绪产生影响。社会的变迁、体制的变革、正义与邪恶的较量，在社会转型过程中，大学生面对复杂的社会现象易产生困惑和迷茫，也会因看到社会弱势群体的生存状况而心生怜悯。家庭的变故，家庭成员关系的亲疏及学习、交友等个人生活事件都会影响大学生的情绪。他们时而热情激动，时而悲观消沉，表现出极大的波动，容易从一个极端走向另一个极端。

3. 强烈性和冲动性

随着知识水平和认知能力的提高，大学生对自己的情绪能够有所控制，但大学生群体兴趣广泛，对外界事物较为敏感，他们年轻气盛且具有从众心理，因此在许多情况下，其情绪易被激发，会犹如狂风暴雨般爆发出来而不计后果，带有强烈的激情性和冲动性。这种激发的结果如果是积极的，则有利于大学生成才，如见义勇为或听英模报告会等，都会奏响正义的凯歌。这种激发的结果如果是消极的，甚至是反面的，如为了小团体利益不惜违反校规校纪甚至犯罪，就会成为愚蠢的举动。美国心理学家霍尔曾经用"狂风暴雨"来形容青年期的情绪特点，认为这一时期是从"蒙昧时代"向"文明时代"的过渡期。

4. 阶段性和层次性

大学阶段由于不同年级培养目标和培养重点不同，教育方式和课程设置有所区别，各个年级面临的问题不同，情绪、情感特点也不同，会呈现出阶段性和层次性的特点。

大学一年级，新生刚从紧张的高中过渡到大学，可能会有暂时的放松感。然而，大学全新的学习方式、陌生的生活环境、相对枯燥的专业课程、种类繁多的校园活动等，都会让他们意识到大学生活并不像之前设想的那样轻松，在觉得新鲜的同时也会感受到压力。同时，大学里各个方面的人才辈出，也会让他们经常体会到自尊感与自卑感混杂，放松感和压力感并存，这些都容易导致他们情绪的波动。

大学二年级，随着对新环境的逐渐适应以及生活经验的积累，大学生的情绪开始趋于稳定。一方面，他们不会像新生那样容易激动和漫无目的。另一方面，他们也不像毕业生那样充满对未来不确定性的担忧。他们能够根据自身具备的条件，学会妥善处理各种人际关系，探索未来的发展方向。

大学三、四年级，面临就业的现实问题，伴随而来的是各种复杂的情绪。由于大学教育从精英教育走向大众教育，就业形势日趋严峻，毕业生均不同程度地面临就业的压力。接踵而至的还有考证压力，由于学校对于毕业条件的严格要求，一些之前没能顺利通过计算机和英语等级考试的大学生会因为担心无法顺利毕业而产生焦虑情绪。大学里单纯美好的校园爱情在临近毕业时也面临现实的问题。毕业后将何去何从，面对工作后的种种诱惑和挑战，是否还有信心坚持下去，太多不确定的事情都让大学生感到困惑，在情绪方面体现为矛盾性和复杂性。

（二）大学生常见的情绪困扰

1.焦虑

焦虑是一种缺乏明显客观原因的内心不安或无根据的恐惧情绪。预期即将面临不良处境的一种紧张情绪，表现为持续性精神紧张（如紧张，担忧，有不安或发作性惊恐状态（如运动性不安，小动作增多，坐卧不安，激动哭泣），常伴有自主神经功能失调表现（如口干，胸闷，心悸，出冷汗，双手震颤，厌食，便秘等）。常见的引起大学生焦虑的原因主要包括适应不良，学习困难，考试焦虑，对身体健康过分关注等。

2. 抑郁

抑郁是大学生中常见的情绪问题，是一种因感到无力应付外界压力而产生的消极情绪。情绪抑郁的大学生的主要表现是情绪低落，思维迟缓、郁郁寡欢、闷闷不乐、丧失兴趣、缺乏活力，不愿意参加社交活动以及故意回避熟人。他们对生活缺乏信心，体验不到生活的快乐，并可能伴有食欲减退、失眠等症状。长期的抑郁会使人的身心受到严重损害，使大学生无法有效地学习和生活。性格内向、孤僻、多疑多虑、不爱交际，以及生活中遭遇意外的挫折或长期努力得不到报偿的人更容易陷入抑郁状态。

3. 自卑

自卑是自我情绪体验的一种形式，是个体因某种生理或心理上的缺陷而产生的对自我认识的态度体验，表现为对自己的能力或品质评价过低，轻视自己或看不起自己，担心失去他人尊重的心理状态。同时可伴有一些特殊的情绪体验，如害羞、不安、内疚、忧郁、失望等。

4. 冷漠

情绪冷漠的大学生主要表现为对学习漠然置之，听课时昏昏欲睡，对成绩好坏满不在乎，对集体漠不关心，对同学冷漠无情，对周围环境变化无动于衷。

5. 易怒

易怒是大学生中常见的一种消极情绪。心理研究指出，人的愤怒按其程度可划分为九个等级：不满；气愤；愠；怒；愤怒；激愤；大怒；暴怒；狂怒。随着等级数的不断增加，发脾气的情绪会越来越大，而自制力则会越来越差，理智几乎完全丧失。发怒会使人丧失理智，阻塞思维，出现损物、伤人，甚至犯罪等许多失去理智的行为。大学生的一些违纪事件，大多是在发怒的情绪下发生的。

（三）大学生健康情绪的表现

1. 积极适应环境

情绪获得健康发展的大学生，不仅能够积极适应熟悉的环境，还勇于开辟新环境，乐于接受新环境，并且能很快适应陌生的环境。相反，情绪得不到健康发展的大学生，虽然能适应熟悉的环境，但往往依赖环境，是环境的被动承受者，而不是能动的参与者和改造者。

2. 有效学习和工作

情绪获得健康发展的大学生，总是乐于从事学习、工作和其他实践活动，能够胜任相应的角色，完成既定的任务，并逐步提高效率。他们能够从实际条件出发，确定切实可行的活动目标，选择相应的活动方式，达到活动的目的。他们能够在活动中充分发挥自己的身心潜能，表现出强烈的主动性和积极性，并以此获得自我满足。

3. 正确评价自我

情绪获得健康发展的大学生，自我意识也会得到较好的发展。他们不仅形成和确立了自我形象，而且自我评价具有一定的客观性和稳定性。他们对自己的认识比较符合自己的历史和现实。同时，他们的自我形象又是可塑的，会随着别人的评价、自我认识的深化而调整和改变，从而更好地适应环境要求。

4. 保持良好且稳定的情绪状态

情绪获得健康发展的大学生，有良好的心境和积极的情绪状态，生活中总以积极、欢愉、乐观向上的情绪为基调，而少有消极、苦恼、忧郁、暴怒的情绪表现。他们能战胜恶劣的心境，摆脱过度紧张的情绪和消极情绪的困扰，控制情绪性质、情绪强度和表情方式，适应客观情绪的要求，因此他们不是自己情绪的奴仆，而是自己情绪的主人。

5. 保持良好的人际关系

情绪获得健康发展的大学生，与父母、教师、同学、朋友等容易建立并发展亲密融洽的关系。他们喜欢与别人交往，能够正确地理解别人的思想情感，容易接受别人，学习别人的优点和长处；他们能同情、关心和帮助他人，与朋友同甘共苦，因此能够被他人喜欢和接受，具有较强的吸引力。

三、大学生自我情绪的管理

（一）情绪管理的意义

良好的情绪不仅是维护生理健康的保证，也是促进心理健康的有效途径。良好的情绪可以代替导致神经和精神紧张的消极情绪，减少和消除对机体的不良刺激还可以直接作用于脑垂体，保持内分泌功能的适度平衡，从而使全身各系统、器官的功能更加协调、健全。情绪不仅与大学生的身心健康有关，还与大学生的心理发展、潜能开发、工作效率、生活质量等因素有关。良好的情绪往往使大学生乐于行动，有兴趣学习、工作和活动，有积极与人交往的愿望；良好的情绪有助于大学生开阔思路，保持注意力集中，富有创造性。因此，培养大学生良好的情绪，有利于大学生的身心健康。

相反，不良情绪对身心健康会产生危害。不良情绪主要是指过度的情绪反应和持久性的消极情绪。过度的情绪反应既包括因为一些重大的生活事件使情绪反应过于强烈，如狂喜、暴怒、悲恸欲绝等，也包括因一点小事而产生的过分情绪反应，怒不可遏或激动不已，还包括情绪反应过于迟钝，无动于衷，冷漠无情。

持久性消极情绪是指引起忧、悲、惧、怒等消极情绪的因素消失后，仍在很长时间里沉溺在消极状态中难以自拔。

（二）情绪管理三部曲

情绪容易波动是大学生的共性特点，主要是由大学生的生理心理发展水平决定的，也是生理、心理、社会诸因素矛盾冲突的结果。从生理的角度来看，性成熟、性激素分泌旺盛会通过反馈增强下丘脑的兴奋度，使下丘脑神经出现兴奋亢进，而由于大脑皮层原有的调节功能一时还不能适应这种情况，因此在皮层和皮层下结构之间出现不平衡的状态。

从心理的角度来看，主要有三个方面。一是大学生对事物的认知尚未稳定，对事物的理解还不全面，因而在思维方式上易走极端，如绝对的肯定或否定。

二是此时大学生的自我意识在觉醒，他们把探索的目光指向自我内部时，理想自我与现实自我的差距常会引起情绪的波动和不稳定。三是由于大学生的内在需要日益增长且不断变化，与现实满足这些需要的可能性之间是非线性关系，这也使他们易处于矛盾状态，导致情绪忽高忽低，变化多端。但是情绪可调节，可控制，情商也可以通过有意识的培养而提高。

1. 体察自己真正的情绪

要想管理自己的情绪，首先要清楚地了解自己的情绪状态。反思的方式可以使我们实现这一目的，时时提醒自己注意"我现在的情绪是什么""因为什么""有没有必要这样"。我们往往会随着外在事件的变化而产生各种情绪，但这时不管处于何种情绪中，我们都应该先停一下，摆脱出来，冷静地去体会、感觉自己的情绪，将它厘清。

2. 适当表达自己的情绪

许多人认为"人不应该有情绪"，因而不肯承认自己有负面的情绪，并使劲压抑这些情绪的宣泄。其实，这样反而会带来更不好的结果，我们应该学会适当地表达自己的内心感受，使不良情绪得到正确疏导。

大学生因情绪表达不当而造成的问题比比皆是。最常见的是宿舍中因情绪表达不当，造成人际关系紧张。还有因学习或某方面能力不如别人而自卑，长期压抑产生抑郁情绪。

此外，由情绪失控造成的悲剧也常在大学校园中出现。有人把人的心理比喻成一个气球，在日常生活中，我们经常把一些欲望、冲动、需求等压进这个气球，于是气球越来越大，当压到一定程度时，我们就会觉得内心的压力太大了，气球就要爆炸。因此，我们需要提高自身情绪管理的能力，以维护心理平衡。

3. 以适宜的方式调控情绪

（1）情绪宣泄法

情绪不好时，大多数人会将其宣泄出来，但情绪宣泄方法也有"度"的问题，应该强调其合理性，不能把合理的情绪宣泄理解为疯狂式的情绪发泄。例如，以暴力或其他不恰当的方式发泄情绪，其后果往往很严重，不仅不利于问题的解决，反而会引发新的问题。情绪宣泄既不能损害其他人的利益，也应避免对自己造成更大伤害，如把怒气憋在心里，借助药物、喝酒、抽烟、疯狂购物、暴饮暴食、自残、自伤甚至自杀等。

一旦产生不良情绪体验，人们就要勇敢地正视它，并为自己找到一个合适的宣泄方法。适当的情绪宣泄方法是指当大学生处于较激烈的情绪状态时，应以社会可以允许的方式直接或者间接地表达其情绪体验。

简而言之，就是高兴就笑，伤心就哭。实践表明，坦率地表达内心的愤怒、苦闷和抑郁情绪，心情会变得舒畅，压力会减少，与情绪体验同步产生的生理改变也将较快地恢复正常。合理的情绪宣泄方法包括以下几种：

①倾诉。找人倾诉，即向师友和亲人诉说心中的烦恼和忧虑，一定要找一个能理解你的人，因为听别人发牢骚毕竟不是一件令人愉快的事情。与一个轻松的人交流可以帮助你放松，与一个紧张的人交流将加剧你的紧张。一个好的朋友会接纳和包容你，帮助你用一种建设性的态度去看待你所遭遇的一切。

②哭泣。美国学者对几百名男女分别研究后发现，他们在痛快地哭过后，自我感觉都比哭之前好许多，其健康状态也有所增进。进一步研究发现，人们

在情绪压抑时，会产生某些对人体有害的生物活性成分。哭泣后，情绪强度一般可降低 40%。而那些不爱哭泣，没有利用眼泪消除情绪压力的人，其结果是影响了身体健康，并促使某些疾病恶化。例如，结肠炎、胃溃疡等疾病就与情绪压抑有关。悲伤时流出的眼泪，含有更多的荷尔蒙等物质，人们在遇到悲伤的事情时，如果能放声痛哭一场，心情往往会好受许多，这是由悲伤引起的毒素，通过眼泪已得到排泄。

③替代性发泄。将不良情绪发泄到没有生命的物体上，如打沙袋、捏皮球等。

（2）注意转移法

注意转移法是指处于情绪困境时，暂时将问题放下，转而从事所喜爱的活动，以转变情绪体验的性质，达到调控情绪的目的。按照巴甫洛夫的条件反射学说可知，人在发愁、发怒时，会在大脑皮层中出现一个强烈的兴奋中心。这时，如果另找一些新颖的刺激，引起新的兴奋中心，便可以抵消或冲淡原来的兴奋中心。

（3）认知调节法

情绪反应产生于主体认识到刺激的意义和价值之后，相同的刺激、不同的评价将会引起不同的情绪反应。因此，可以用调整、改变认知的方法调控情绪反应和行为。认识过程是产生情绪和情感的前提，对刺激情境的认识决定着情绪和情感的性质，也影响情绪和情感的强弱。情绪和情感的水平和性质反过来又影响认识过程。积极良好的情绪和情感，能调动感知的主动性，改善记忆活动的各项品质，提高思维和想象的灵活性和创造性，提高认识的效率；而消极的不良情绪和情感会干扰认识活动的顺利进行，影响认识活动的深度和广度，对认识过程产生消极的影响。

（4）建立社会支持系统法

在日常生活中，我们无时无刻不在与他人进行着社会交往，也从他人那里获得不同程度的社会支持。这些支持既包括有形的经济和物质上的援助，也包括无形的心理和情感关怀。良好和谐的社会联系和支持能够满足我们对爱与归属的需求，使我们的内心不再感到孤独和无助，从而减少各种应激事件对身心健康所产生的消极影响。

第二节　大学生挫折教育

一、什么是挫折

（一）哲学的解释

哲学中将挫折理解为主客体之间的对立，是主体对象化和客体异化这两个过程矛盾运动的结果。当客体世界能为主体所认识和掌握的时候，主体自身力量得到彰显，人是自由的。当主体无法认识和把握客体时，客体则支配主体，人是不自由的。反映在心理上，就形成压力与挫折。建构主义哲学强调，人的主观世界是自己建构的结果，这种建构是建立在已有经验基础之上的。换言之，外部世界能否成为主体的异化力量，在很大程度上依赖主体自身的理解和诠释。例如，教师对学生严格要求。你可以把教师的这种要求理解为对自己自由的一种干涉或自己意志行为中的一种挫折。但是如果你知道这位教师一贯对大学生严格要求，并且在生活中很爱护大学生，那么你会将教师的这种行为理解为一种爱，或一种对自己成长的监督和帮助。在我们的大学生活中，主客体矛盾主要表现为现实与理想的矛盾。一方面，大学生希望能够按照自己的意志去成长。另一方面，生活并不是按照我们计划的那样去发展。于是我们感叹：愿望是美好的，现实是残酷的。

（二）心理学的解释

心理学着重于研究个体对体验的反应，认为挫折是意志行为过程中由于不可预知的因素对目标有所阻碍，从而在主体身上引起的一种情感体验和行为反应。

1. 挫折针对意志行为

人的大多数行为是具有明确目标的意志行为。人之所以常常有苦恼、焦虑、愤怒这些负面情绪体验，就是因为行为目标遇阻和受挫。如果人没有明确的目标，行为没有意志性，挫折就无从产生。即便遇到障碍，也不会把它看作挫折。例如，如果你只是抱着试一试的心态去参加研究生入学考试，读不读研究生对你来说都没有重要的意义。

也就是说，你根本没把研究生当作你的目标，那么即使你失利了，这对你来说也不是一种挫折。

2. 挫折是主体的情绪体验

人在遭受挫折后，会马上引起复杂的情绪体验和情感反应。个体会有自尊心的损伤感、自信心的丧失感、行为的失败感，和达不到目的的愧疚感等一系列纠结的情绪情感，这些情绪体验交织成一种紧张、不安、忧虑、恐惧心情。

正是因为挫折能够引发强烈的负面情绪反应，使人痛苦，所以人们才不愿意面对挫折。即使遇到挫折，有人也可能采取一些防御性心理反应，从而避免陷入痛苦的泥潭。

3. 挫折是主体的认识

引起挫折的刺激是客观存在的，它一般不受个人的支配与控制。但是对于同样的刺激是否会引起同样的反应，存在个体差异。这就是说，人对于刺激情境是否会引起挫折反应，还在于主体自己对这种刺激情境的认识。我国古代寓言故事"杯弓蛇影"便生动说明了这个道理：同样的情境，不同的诠释会导致不同的结果。

4. 挫折是不可预知的

传统的科学观曾期望人类能够完全掌握事物的发展过程并控制其行为结果。对于像火箭发射、机械运行这类物理事件，科学家已经实现了精确的控制。然而，对于由人参与的社会性活动呢？20世纪后半叶发展起来的自组织理论告诉人们，对世界的完全控制只是人类的美好愿望，永远不可能达到，尤其是不可能控制社会历史进程。因此，对于事物日常的意志行为过程，可以大概预测会遇到哪些困难，但无法精确预测这些困难的具体性质，以及如何发生、何时发生。大学生的社会生活经验不够丰富，导致他们缺乏对挫折的预测与准备。

二、大学生常见的挫折与反应

（一）大学生常见的挫折

不同年龄段和不同类型的人群面对的挫折具有不同的特点。大学生遇到的挫折与大学生活环境和大学生的自身特点密切相关，具有鲜明的特点。大学生常见的挫折主要来源于以下几个方面：

1. 自我认识、自我定位、性心理、恋爱等方面的挫折

大学生正处于人生发展阶段的青年中后期，这一时期既是大学生自我意识形成的关键时期，也是性生理发育日趋成熟的时期。因此，大学生遇到的挫折常常与自我认识、自我定位、性心理、恋爱等方面有关。

2. 人际交往、个人发展方面的挫折

人际交往对大学生而言是仅次于学业发展的一项重要的社会需求。大学生都希望获得良好的人际关系，从而维系个人发展与社会需求之间的纽带。大学是一个集体生活环境，同时也是一个学习压力大和竞争激烈的环境。很多大学生都是第一次离开父母和家庭开始独立生活，由于性格或者成长经验的影响，交往技巧方面的欠缺，在人际交往中，往往难以达到理想效果。要么难以摘下自尊、自傲和矜持的面具，要么以错误的方式伸出橄榄枝，反而引起别人的误解。因此，大学生在人际交往中经常会遇到挫折。

另外，大学生这一群体既具有强烈高层次的自我价值实现的需求，也有明确的发展目标，如考研、留校，或毕业后谋求得到一个有发展前途、能发挥专业特长、能实现自身价值并且待遇好的职业等。但在现实生活中，却难以事事

如愿。尤其是近几年来，高校分配制度进行了一系列的改革，双向选择、人才市场和自谋职业等成为大学生的主要就业渠道，这给大学生就业增加了一些新的选择机会，但也增加了竞争的压力和失败的风险。有的毕业生在双向选择应聘就业中屡次受挫，体验到较强的挫折感。毕业发展去向问题，成为在校大学生特别是高年级大学生经常考虑的"心事"和常常遇到的实际的或想象的挫折情景。

3. 生活习惯、专业学习、人际关系、经济来源等方面的挫折

大学生，特别是低年级大学生，将面临大量的适应问题，在生活习惯、专业学习、人际关系、经济来源等方面经常会遇到各式各样的挫折。

4. 求职、择业、就业方面的挫折

大学是为未来职业生涯打基础的阶段，大学生（特别是高年级的大学生）越来越关注就业问题，逐年加大的就业压力，给大学生带来的隐性压力不言而喻。

对即将毕业的大学生来说，在求职择业过程中也常常会遇到各种挫折。根据调查可知，无论是就业岗位、地点、薪酬福利等，大学生的期望一般高于社会提供的范围。所以，在整个就业过程中，大学生都会感到失望和焦虑。

（二）大学生的挫折反应

在日常的学习生活中，由于主客观条件不同，个体对挫折的反应也各不相同。需要强调的是，人们在遭遇挫折时的心理与行为反应，有积极的也有消极的，是人们在生活经验中习得的结果，无所谓对错。一般来讲，人们对挫折的反应主要表现在以下三个方面：

1.情绪性反应

情绪性反应是指人们在遭受挫折时伴随着强烈的紧张、愤怒、焦虑等情绪所做出的反应，可能表现为强烈的内心体验，也可能表现为特定的表情或行为反应。

情绪性反应多为消极性反应，主要表现为焦虑、冷漠、退行、幻想、逃避、固执、攻击等。

（1）焦虑

焦虑是一种模糊的、紧张不安的综合性负面情绪，常常伴随焦急、忧虑、恐惧等，甚至可能会出现发冷汗、恶心、心悸、手颤、失眠等神经生理反应。当人们面临心理冲突、情境压力或遇到挫折，预感到某种不祥的事情或不良的后果将要发生，感到需要付出努力而又没有把握预防和解决时，一般都会产生焦虑情绪。挫折是引起焦虑的重要方面，人们遇到挫折时一般都会表现出某种程度的焦虑情绪。适度的焦虑对提高工作效率，发挥潜能有一定的积极作用。过度焦虑是有害的，严重时会导致心理疾病。学习上的过度焦虑则会抑制思维，分散注意力，影响正常的学习活动和学习效率。对大学生而言，人际关系和学习上的挫折是引起焦虑的主要原因。

（2）冷漠

冷漠反应是指在遇到挫折以后表现出无动于衷和漠不关心的态度，缺乏明显的情绪反应。冷漠并非没有情绪反应，而是一种压抑极深的痛苦情绪反应。当一个人面对亲人、朋友带给自己的伤害，或者面对无法摆脱的挫折情境时，通常会表现出冷漠的反应。

（3）退行

退行是指遇到挫折时，心理活动和反应退回到个体的早期发展水平，以幼稚的、不成熟的方式应对当前情境。例如，大学生的活动计划如果受到家长或教师的反对时，他们可能会采取赌气、咒骂、暴食、疯狂购物、砸物甚至出走等非积极、非成熟的方式去应对。

（4）幻想

幻想是指个人在遇到挫折时企图以自己想象的虚幻情境来应对挫折。任何人都有幻想，大学生正处在多幻想的年龄段。通过幻想，人们可以暂时脱离现实，在自己想象的情境中满足一些自己的需要和欲望，产生一种愉快和满足的感觉。应该说，当人们遇到挫折时，暂时的幻想，可以使人在一定程度上缓解挫折情绪，偶尔为之，也是正常的。但如果用幻想来应对现实中的挫折，特别是长期处于幻想状态，或养成了从幻想中实现现实生活中无法达到目标的习惯，会使人降低对现实生活的适应能力，并且严重脱离现实生活，甚至可能导致精神疾病。

（5）逃避

逃避是指个人在遇到挫折或感觉可能面临挫折时，不能面对现实，正视挫折，而是以消极的态度躲开挫折和现实的一种反应方式。例如，有些大学生谈恋爱失败后就不敢再谈恋爱；有些大学生当众演讲失败，受到别人嘲笑后再也不参加集体活动等。逃避虽然可以使人们降低因挫折产生的紧张感，或者避免再次受到挫折的伤害，但当事人面对的现实问题并没有解决，而有些问题是无法回避的。所以，逃避常常使人害怕困难，不求进取，长期下去将大大降低人们的适应能力和自信心，甚至可能会导致适应不良。人们逃避挫折的方式各种各样，幻想也可以看作一种典型的逃避方式。

（6）固执

固执是指个人在受到挫折后，采取刻板的方式盲目地反复进行某种单调、机械的无效动作，尽管知道这些动作对目标的达成或满足需要并无帮助。通常，固执是在一个人反复遭受挫折而又一时无法克服或回避的情况下产生的，当人处于惊慌失措的状态时也容易产生固执行为。固执行为的特点是呆板无弹性，具有很大的强制性，是在人们遇到挫折后感到无能为力和不知所措时产生的反应方式。所以，这种挫折反应方式并不是不可改变的，人们一旦获得了更适当的反应方式，就会取代固执行为。

（7）攻击

攻击是指当一个人遇到挫折时，为了将愤怒的情绪发泄出去，或者对构成挫折的对象进行报复而产生的攻击性行为。攻击性行为的对象可能是构成挫折的人或物，也可能是其他替代物，还有可能是受挫者自身。攻击性行为的表现形式多种多样，一般分为直接攻击和转向攻击两种。

直接攻击是指受挫者将愤怒的情绪直接指向构成挫折的人或物，通过动作、表情、言语、文字等形式表现出来。转向攻击是指受挫者认为引起挫折的真正对象不能直接攻击或不便攻击，或者挫折的来源无法确定时，将愤怒的情绪发泄到其他人或物上的一种变相的攻击方式。例如，有些大学生在比赛时没有获得期望中的成绩时，可能会通过破坏物品来发泄情绪。

2. 理智性反应

理智性反应是指人们在遭受挫折后，采取积极进取的态度，在理智的控制下所做出的反应。通常情况下，人们在遭受挫折后都会出现紧张状态，并在不同程度上表现出情绪性反应。其中，有些人始终被情绪控制而不能摆脱，而有些人则能够及时调整、保持冷静、面对现实、审时度势，采取积极的态度和方式对待挫折。所以，理智性反应是对挫折的积极反应方式，主要表现在以下两个方面：

（1）坚持目标，逆境奋起，矢志不渝

当人们遇到挫折后，经过客观冷静的分析，发现自己所追求的目标是现实和正确的，当前的挫折只是暂时的，是在实现目标的道路上遇到的一些曲折，经过努力是可以克服和逾越的。因此，应设法排除障碍，找到克服困难的方法，并坚持不懈地朝着既定目标矢志不渝地迈进，直至最终实现自己的愿望和目标。人类社会发展的历史证明，许多科学发现和发明都是在十分艰苦的条件下实现的，有的还冒着被攻击、迫害甚至丧失生命的危险，几经努力才获得成功的。大学生大多有强烈的发展需求和对未来生活的美好愿望，同时大学生又面临着一个竞争激烈的发展环境，科学技术的飞速发展对每个大学生都提出了更高的要求。因此，大学生在成长过程中不可避免地要遇到各种各样的困难，这就需要大学生在实践中不断提高自己的意志力，培养顽强拼搏的毅力，以及敢于面对和战胜困难的勇气。

（2）调整目标，循序渐进，不断努力

由于自身条件或社会因素的限制，人们的需要和目标并不是都能满足和实现的，或者在目前的条件下是不可能满足和实现的。因此，人们在实现目标的过程中，几经努力和尝试都失败后，就要冷静下来，认真客观地分析导致失败的真正原因，并根据实际情况对自己的奋斗目标进行适当的调整。

一方面，可能自己定的目标太高，不符合目前自己的实际情况，或实现目标的条件尚不具备，需要适当降低目标，或将目标分成几个阶段性目标，并根据实际情况适当调整实现目标的途径和方法，循序渐进，通过不断努力，逐步获得成功。例如，对于学习基础差的大学生，不应将目标定为每门课都考优秀，而应首先努力使每门课都及格，然后重点在一门或几门课上取得好成绩，最后再努力取得全面进步。另一方面，人们满足需要和实现愿望的途径和方式是多种多样的，一旦遇到挫折，发现原定的目标难以实现时，还可以改换目标，寻找新的能够实现的目标，同样可以达到满足自身需要的目的。例如，有些大学生在集体活动中想引起同学的关注和赞赏，可能会努力苦练唱歌，但由于自己的嗓音不够圆润，音乐基础又不太好，怎么练都达不到理想的效果，这时就可以考虑练跳舞或演讲等，或许其他方式更符合自己的实际情况，能够取得理想的效果。

3.大学生挫折应对的策略

挫折的产生不可避免，但这并不意味着我们面对挫折时无能为力。相反，大学生能否正确看待挫折并有意识地锻炼自己的挫折容忍力，关系着今后的人生幸福与否和事业成败。因此，采取积极的态度应对挫折是必要的。挫折容忍力，也称挫折忍受力，是指个体在遭受挫折情境时能够免于精神与行为失常的一种能力。

（一）端正认识，直面人生挫折

1.挫折的普遍性

不管你曾经多么优秀，进入大学就意味着步入了一个"准社会"环境。当代大学生中独生子女居多，按照中国传统的家庭教养方法，除非家庭条件有限，一般孩子都会得到父母的格外照顾和宠爱。但也容易让大学生滋生一种盲目的优越感，形成一种"自己永远是生活的宠儿""世界应该围绕我而转"的错觉。这种态度在大学生的人际交往中表现得尤其明显，但是挫折不会因人而异。社会的真实含义是别人不会迁就你，以你为中心，人生道路不可能永远由自己的父母去铺平。对从小生活条件优越且较少经历过挫折的大学生，建议正确面对并深刻地体会社会的复杂性和人生的曲折性。

2.挫折的价值

任何事物都具有两面性。尽管挫折让我们难受，使我们的学习和发展受阻，但它同时又是人生经验的宝贵财富，是促使成长的必要条件。认识到这一点，我们才有勇气和信心去面对挫折。没有挫折的人生是苍白虚幻的人生，不经过挫折的磨练，无法深刻体会成功的喜悦感和人生的幸福感。快乐不是平坦笔直的康庄大道，也不是无忧无虑的锦衣玉食，而是经过奋力攀登后踏在脚下的高峰，是用自己的坚韧和勤劳换来的硕果。任何人都不可能避免挫折，挫折是促进大学生成长的积极因素，它可以磨砺我们的意志，丰富我们的经验，提高我们的能力。

3.挫折的可战胜性

挫折是不可预知的，但并非不可战胜。古今中外，无数杰出人物先后以他们自身的人生经验，诠释人类意志的力量。我国古代统治者为了剥削和压迫，鼓吹天命观，但荀子提出"人定胜天"的思想。人类祖先敢于和大自然抗争，所以人类才能逐渐成为地球上的主宰；劳动人民敢于抗争，才能掀起一次又一次的革命战争，争取社会进步和人民的解放；科学家、艺术家勇于探索科学和艺术的真谛，才能创造出灿烂的文化……历史长河中，无数人以他们坚强不屈的精神改变着自己和人类的命运。

（二）修身养性，提高心理素质

除了对挫折要有正确的认识之外，我们还必须具备良好的心理素质，做到面对挫折能够泰然处之。这种心理素质只能靠修炼而得。

1. 适应与调整

外界环境和条件的变化不以个人的主观意愿而转移。我们设定的目标往往会因客观条件而改变。面对意外情况，我们必须及时调整自己的心态和目标，以适应这种改变。这种适应和调整主要通过降低自我期望值和改变行为目标来实现。研究表明，挫折感的强度与自我期望值相关。较高的自我期望值形成较强的挫折感，而较低的自我期望值形成较弱的挫折感。

2. 忍耐和控制

遇到挫折有不良情绪和行为反应，这本是人之常情。但并不是任何反应都有利于事情的发展，尤其是当我们所面对的挫折情境是自己不能马上控制和解决的时候，忍耐就成为一种必要的策略。"小不忍则乱大谋"说的就是这个道理。凡是人生事业取得成功的人，无不在逆境和挫折情境中甘于忍耐。

以下两种情况，需要大学生注意：一是当我们还不清楚事情的前因后果，没有充分掌握相关信息时，冲动可能造成误会和不可弥补的伤害。二是挫折源力量强大，我们尚不能控制时，不满和愤怒的反应不利于事情的解决。

（三）平心静气，改善社会关系

人总是生活在现实的社会关系网络之中的。当我们遇到挫折的时候，既要充分利用社会关系寻求社会支持，也要主动改变不利的社会关系，以克服困难和战胜挫折。

1. 理想、期望与现实的协调

目标挫折源于理想、期望与现实之间存在的某种差距。大学生遇到的挫折，如学习挫折、爱情挫折、就业挫折等，很大程度上存在目标和预期过高的现象。当现实条件不能满足的时候，就会遭受挫折。为此，我们在制定行为目标时，应尽可能遵循现实原则，不可好高骛远。当挫折出现时，我们也不要怨天尤人，应及时调整目标，降低期望，从而避免强烈的心理失衡。

2. 自我与他人的和谐关系

许多挫折，如阻碍性挫折，都源于自我和他人的关系。如果自己的目标直接或间接损害了他人的利益，或者在实施过程中与他人的利益发生冲突，就会遭受阻碍性挫折。为了顺利达成自己的行为目标，大学生在制定目标时，必须兼顾他人的权益，至少应以不损害他人的利益为前提。同时，要围绕着行为目标，尽可能地考虑涉及的所有关系，事前处理好各种关系，尤其是不友好的关系，以保证目标过程的顺利进行。

3. 友情与爱情的平衡

友情与爱情是大学学习和生活中极为重要的情感需求。许多大学生之所以感到孤独和寂寞，与他们不善于经营友情与爱情息息相关。当代大学生的独立性增强，但往往混淆了独立性与自我性之间的关系。需要友情却不知道如何获得，于是干脆独来独往，或者过早涉足二人世界，导致友情未能形成，爱情关系也相当脆弱。处理不好友情与爱情的关系，大学生很容易体验到匮乏性情感挫折。

第三节　大学生心理危机的应对

每个人都拥有自我免疫能力，大学生应充分调动自身潜在的力量，有效应对可能产生的心理危机。

（一）自我调适

心理危机的爆发会引起情绪混乱，认知扭曲，甚至人格解体。这时，可以先尝试以下三步自我调适法：

1. 审视情绪

心理危机中表现最突出的便是情绪反常和失控。进行情绪管理是转化危机的关键一步。

首先，要努力察觉情绪，不管我们处在何种负面情绪中，先接受自己真正的情绪状态。只有当我们认清自己的情绪，知道现在的感受时，才有机会掌握情绪，才能对自己的情绪负责，而不会被情绪左右。

其次，要尽力分化情绪。由于情绪是复杂多变的，我们所直接感受或表现出来的可能是已经包装或伪装的情绪，如以生气的方式来掩藏内心受伤的感觉。因此，我们要学习分化并辨识我们真正的需求或感受。有时，我们被意念纷扰，心中五味杂陈，整个人心烦意乱，这时觉察和辨识可以避免自己沉浸在持续恶化的情绪中，将注意力集中在内心，有助于稳定情绪，促进自我了解。

最后，要认识到"负面"情绪的价值和意义。情绪并无好坏之分，它只是告诉我们，人生中有些事情出现了，需要我们去处理。情绪都有其意义和价值，负面情绪也是如此。例如，愤怒的情绪可以推动我们去改变不满的现状，而痛苦的情绪则会指引我们远离威胁或伤害。理解这一点后，我们就不再盲目地抗拒内心的情绪，而可以运用这些情绪的价值和意义，去改变糟糕的情况。

2. 找回理智

第一，检查非理性信念，恢复理性思维。在情绪基本冷静下来，能够思考时，我们紧接着要做的便是检查和反省自己在遭遇刺激事件后，在感到焦虑、抑郁或愤懑时对自己"说"了些什么。理性行为疗法的创始人阿尔伯特·艾利斯告诉我们在初期识别出那些与具体诱发事件或情景相联系的非理性信念就够了，进一步挖掘它们背后更一般化的生活哲学和人生信条可放在稍后进行。检查非理性信念的关键是把握它的"非理性"特征，如"糟糕至极""因此所有的……必……""应该……""绝对不能……"等。总之，要看思想中是否包含倾向于把事物和自己看得绝对化、过分概括化的成分。

第二，重新认识自我。对自己的现有情况进行客观准确的评估，认清自己的实力、特长、薄弱环节和潜力所在，不要过高或过低地评估自己。可以采用列清单的办法进行自我重新评估。在对自己进行客观准确的评估后，给自己一

个合理的定位。自我是人格的核心，人格的稳定和完善对我们应对能力的检测

至关重要。

3.重新出发

情绪稳定了，认识清晰了，最后就是要付诸行动。大学生要对自己的生活

有计划，有目标。大学课余时间充裕，对自学的要求非常高。因此，大学生要

把自己的学习和生活安排得充实一些，把每天、每周、每个阶段的任务和目标

合理地安排好并付诸实施，避免过多的空想。

（二）积极求助

并非每个人都可以自我疗愈，如果陷于抑郁情绪不能自拔，或应对压力无

效，就应该勇于求助。面对向他人求助时，有的人犹豫彷徨，似乎有很多顾虑。

在此，应该认识到，能够意识到自己的局限并主动求助、是适应现代社会的竞

争的表现。因为他们愿意借另外一面镜子照自己，希望用求助的方式提高自己

的生活质量。遇到心理危机敢于求助的大学生摒弃了自大自欺和故步自封的缺

点，善于利用各种资源（包括可以求助的资源）来帮助自己成功，实属强者的

行为。在求助过程中，有几个问题要特别注意：

1.相信有人会愿意帮助我们

当然，获取别人帮助的前提是我们要将自己的真实困难和痛苦告诉我们信

任的人，否则他们对此一无所知。我们常常认为别人"应该"知道自己的感受，

不需要向他人表达自己的真实感受，所以往往乱发脾气，或冷漠相对，或一味

指责，既影响和谐关系，也影响帮助我们的人真实地了解我们。

2. 求助的对象可以多样化

除了亲人和朋友，我们可以向学校的心理咨询中心人员寻求帮助，还可以向心理热线或校外的心理咨询人员寻求帮助。有时，为找到真正能给予帮助的人，可能需要向几个不同的人或机构求助。解决心理危机通常需要一个过程，可能我们需要反复多次地求助咨询人员或心理医生。

3. 避免使用酒精或毒品来麻痹自己

俗话说"借酒消愁愁更愁"，滥用酒精或毒品只会扩大危机，百害而无一利。当然，更不要冲动行事。虽然强烈的痛苦使我们难以做出合理的决定，但我们可以采取稍做回避的办法，等情绪平静下来，恢复了理性意识之后再采取行动。

二、朋辈互助

（一）学会倾听传爱心

常常会出现这样一种情况，即我们仅凭良好的倾听便能安抚求助者，让其充满烦乱、焦虑甚至恐惧的心灵归于平静。因为求助者在讲述自己的故事、叙述自己的经历和体验过程中，他们能够构建自己的身份地位，并为自己的生活赋予意义和目的。当求助者的故事中包含了背后隐藏着的"苦难"或"羞耻"时，聆听的这种治疗作用会更加明显。

虽然我们强调以助人为目的的倾听应尽量少说多听，但毕竟人是灵动的，不可能面对一个向我们倾吐苦水的来访者毫无反应，所以倾听过程中要有回应。因此，必须把握两点要领：其一，识别出求助者所表达的关键信息（内隐的、感受性的、主要的、有助于当事人自我了解的、促进探索的、促进对情境的理解等）。其二，把这种了解尽可能清楚、明白、简明、贴切地传达给求助者。

（二）学会观察危情

当人处于心理危机状态时，极有可能产生自杀等极端的想法和行为，这是最危险的情况。助人者就要特别注意观察并发现这些危险因素。

1. 要留心求助者的任何自杀征兆

对于绝大多数经受心理痛苦而想自杀的人来说，自杀前常常会出现以下一些迹象：

言语上的征兆：直接向人说"我想死"或"我不想活了"等，或间接向人说"我所有的问题马上就要结束了""现在没有人可以帮助我""没有我，他们会过得更好""我再也受不了了""我的生活毫无意义"等。也可能是谈论与自杀有关的事或开自杀方面的玩笑，甚至是谈论自杀计划，包括自杀方法、日期和地点。计划的可行性越强，危险就越大。

行为上的征兆：突然出现明显的行为改变（如中断与他人的交往或出现很危险的行为）；抑郁表现（对什么事都失去兴趣，学习成绩全面下降，懒散，赖床，个人卫生状况急剧下降）；将自己珍贵的东西送人；频繁出现意外事故；不遵守课堂规则，逃学或多次旷课；酗酒；生活得一塌糊涂，等等。

总之，不论他们用什么方式流露情绪，要询问他们是否在考虑自杀，这样不会促使他们采取行动，反而会挽救他们的生命。可以尝试这样问"你的心情是否如此糟糕，以至于想结束自己的生命？"或"在你痛苦、绝望的时候，想过要结束生命吗？"

2. 要及时转介情况危急者

一旦发现个体自杀的危险性很高，应立即采取行动，不要让他们独处，应将他们送到能提供心理服务的诊所或医院。如果他们对寻求专业帮助感到恐惧或者担忧，应花时间倾听他们的担心，并告诉他们大多数处于这种情况的人都需要帮助。对刚刚出现自杀行为的人，要立即送到最近的急诊室进行抢救。特别提醒，在此过程中，不要承诺保密，而应请心理健康教育专业教师共同承担帮助他们的责任。

第六章　高校大学生心理健康辅导

高校大学生一旦出现心理问题，便需要他人给予心理辅导。本章简单介绍了心理辅导的内容、方法和解决途径。大学生在遇到心理问题时必须给予足够的重视，并积极寻求解决办法。

第一节　大学生心理辅导概述

一、心理辅导目标

近年来，国内众多高校开展了学校心理辅导工作，并取得了诸多可喜成绩。

然而，由于研究者或心理辅导教师所制定的心理辅导目标略显模糊和笼统，导致学校心理辅导本身独有的特点及心理辅导的真正内涵没有得到充分的体现。例如，有学者认为学校心理辅导的目标是"培养良好的心理素质，开发心理潜能，预防心理疾病，增进心理健康"。另有学者在制定学校心理辅导的目标时按照学生的生活领域，在每一生活领域活动前加上一个正向的、具有良好含义的修饰词，作为学校心理辅导的目标。例如"培养较强的社会适应能力，初步树立良好的自我意识，学习建立良好的人际关系，发展自己健全的性格，促进智力的正常发展"等。这些目标过于笼统，从而缺乏整体性和操作性，并且对学校心理辅导目标的层次性强调不足。

高校心理辅导的目标包含两个层次，并与学校教育目标相一致。

首先，通过学校心理辅导，帮助学生"认识自己""接纳自己""欣赏自己"以及"接纳他人"。帮助学生解决所面临的实际问题，增强他们应对逆境和战胜挫折的勇气，有效管理自己的生活和学习。

其次，通过学校心理辅导，使学生消除不良习惯、改善行为、化解消极思想与情感，帮助学生正确地做出选择和制订切实可行的行动计划，鼓励学生通过自己的探索来寻求生活和生存的意义，帮助学生认清自己内在的潜力与资源，充分发挥内在潜能，最终目标是使学生过上健康的、有意义的、充实的和幸福的生活。

基于此，我们可以提炼出学校心理辅导的六个方面的目标：

（1）让被辅导者更全面准确地了解自己，接纳他人。

（2）激发被辅导者摆脱生活困境的勇气和信心。

（3）培养被辅导者战胜困难的能力。

（4）矫正被辅导者的不良行为习惯，建立良好的生活习惯。

（5）提高被辅导者对现实问题的认知和分析水平，充分发挥被辅导者自身潜能。

（6）给予被辅导者情感支持，让他们获得积极情感体验，过上幸福生活。

通过学校心理辅导，我们首先期望学生能学会心理调适。调适包括调节与适应。调节指通过学校心理辅导，个体对调节自身的精神生活、行为模式的各个方面及其相互关系进行调整。适应指通过学校心理辅导，达到个体与周围环境的和谐相处。学会调节是指学会正确对待自己，接纳自己和他人，学会化解自己的消极情绪，从而使个人精神生活保持一种内部和谐的状态。学会适应一方面指的是要矫治自己的错误行为，使自己养成正确的适应行为，从而将自己的行为调整到符合社会规范的轨道上。另一方面指的是要消除人际交往中的各种障碍，提高人际交往的质量，最终达到适应社会环境的目的。因此，调节是处理个体自身内部的精神活动和行为模式，适应是处理个体与外界的关系。

其次，期望学生寻求发展。寻求发展是一个终身概念，这不仅需要教师正确引导学生认清楚自己的潜力与现有特长，从而确立起具有较高价值的生活目标，担负起生活责任，还需要帮助学生拓展生活方式，发展良好的人际关系，激发学生自己的主动性、创造性以及发挥学生作为社会一员的良好社会功能。注意，寻求发展的最终目的是帮助学生过积极、幸福而有效率、有意义的生活。

需要明确的是，在以上这两个目标中，"学会调适"是基础目标，因此，以这一目标为主要目标的心理辅导被称为"调适性辅导"。"寻求发展"是高级目标，以此目标为主要目标的心理辅导被称为"发展性辅导"。这两个目标能否达成以及达成度怎样，表现在接受过心理辅导的学生在面临各种困难、压力的情境时，能否综合个人条件和环境要求，自主地做出适当的选择和明智的决策，从而制订切实可行的行动计划，进而成功克服困难和解决问题，以及渡过困境之后能提高自身解决问题的能力，使潜能充分发挥。

二、心理辅导主要内容

在我国高校教育中，开展心理辅导的时间较短，积累的相关经验和教训还比较少，从业教师的专业素质和能力还有待提高。这些因素使得辅导教师在教学实践中面对学生的心理问题时常认识不足，指导不够有效。这种情况可能导致心理健康教育和其他科目的教学效果受到负面影响。因此，在现阶段明确学校心理辅导的内容对于教师的教和学生的学两方面都具有重大的实践意义。

在传统的分类标准中，研究者将学校心理辅导的内容分为五大类，即"学习辅导""人格辅导""恋爱观辅导""人际关系辅导""职业生涯辅导"，每一类别的辅导对学生的全面发展都具有重要意义。

（一）学习辅导

学生是以成长和学习为主要任务的特殊个体。学习心理活动可以说是学生的主导心理活动。因此，学习辅导就成了学校心理辅导工作中的重中之重。学习心理辅导是学校心理辅导的一个重要课题，其针对的主要对象是因心理问题而引起的学业不良的学生。大量的研究结果与学校教育实践共同表明，高校学生大量的心理问题都与其学习心理问题有关。学习辅导可以分为广义的学习辅导与狭义的学习辅导。广义的学习辅导是指教育者对学习者在学习过程中遇到的各种问题（例如，知识技能、知识障碍、动机、态度和价值观以及情绪等）进行辅导。狭义的学习辅导是指教师对经历了学习挫折和学习困难的学生的心理困扰和行为障碍进行专业的心理辅导。因此，从培养学生良好的心理素质意义上讲，广义学习辅导更具有积极的意义，因为它符合学校心理辅导中所提出的发展性目标的精神，在学校心理辅导工作实践中，我们可以将学习辅导的概念理解为，心理辅导教师运用学习心理学及相关理论对学生的学习技能、学习动机和学习情绪，以及对学生学习习惯进行训练与辅导，从而提高学生的心理品质与技能。

另外，在学校心理辅导的实际工作中，大多数教育工作者都已认识到学生智力发展水平是影响学生学习成绩的重要原因之一。然而，除此之外，学生学习的迁移能力、学习动机、人格特质、教师心理和学习的反馈等因素，甚至学校教育活动中的各类社会心理因素（例如，学生在学校中的人际关系以及所处班集体的整体学习氛围）都会对学生的学习产生重要的影响，这些因素容易被忽略。因此，教师对学生进行学习上的心理辅导时，应该全面了解学生学习心理困扰和行为障碍的原因。

（二）人格辅导

人格是个体在与环境各种交互作用过程中形成的内在的动力组织和相应行为模式的统一体。人格是一个综合性的概念，包含了能力、气质、性格、价值观和认知风格等多个方面。在学校心理辅导领域，人格是指"个体对己、对人、对事方面的个性心理品质"。人格辅导就是指教师对学生的自我意识、情绪的自我调适、意志品质、人际交往与沟通能力以及群体协作技能进行辅导，旨在培养学生良好的个性心理品质与完善的社会适应能力。其中，自我意识辅导和情绪辅导在人格辅导中具有重要作用。

学生的人格适应不良与他们的学业失败具有密切关系。学业成绩较好的学生很少表现出人格适应方面的问题，因为这些学生通常具有高度的自我整合性、独立性和成熟性等特征。相比之下，学业成绩较低的学生，则更容易表现出与人格适应不良相关的问题，产生一系列不利于学习的行为特征。例如，多动、敌对情绪、执行控制能力较弱、缺乏责任感和独立性、延迟满足的能力差、情绪波动大、对复杂的学习任务缺乏坚持性等。这类学生往往缺乏自信，对挫折的容忍度比较低。当他们遇到问题时，便容易感到焦虑，倾向于回避那些自认为可能会使他们受到批评或嘲笑的学习任务，或者可能倾向于逃避困难的学习情境。这些不良的特点可能进一步对他们的学习造成负面的影响，从而可能造成恶性循环。

综上所述，人格辅导的目标是帮助学生建立和完善独立的人格，提高自我意识、增强情绪的自我调控能力，并进一步提升学生的意志品质和团队合作精神，以及社会适应性。

（三）恋爱观辅导

随着"00后"大学生恋爱越来越普遍化，恋爱失败也成了很多大学生都会经历的情感体验，恋爱失败后的心理压力也容易引发各种极端心理反应。一是失恋往往会引起一系列心理反应，如失落、羞辱、悲伤、孤独、虚无、绝望和报复等。单方面终止爱情的失恋更容易带来心理挫折，由此产生各种不良情绪，如果不及时排解，可能进一步导致自卑、抑郁等心理问题，更有甚者会用自残、报复等极端手段宣泄情绪。二是单恋、恋爱错觉即单相思等恋爱心理认知和情感失误带来的不良心理影响，这种单向投注容易造成一个人精力的持续耗竭，形成隐形的长久伤害。

面对正在经历恋爱问题困扰的大学生，我们一方面要给予他们调适指导，既要帮助大学生认识到解决心理困扰要不怕反复、坚持不懈，又要帮助大学生树立调适的信心并给予调适方法指导。第一，要引导学生回去后继续反思自己不合理的认知和信念，从本质上认识问题。第二，要给予学生减压方法，视严重程度让学生通过深呼吸、运动或自己喜欢的兴趣爱好缓解压力。第三，要引导学生转移注意力，把重心放到学习、朋友和亲人身上，或者做自己喜欢的事情。第四，给予学生一定的处理恋爱关系技巧，让学生学会理性处理，通过"问题定向性应付"和"情绪定向性应付"来应付挫折和减轻痛苦。

（四）人际关系辅导

面对有人际交往困扰的学生，可以通过个别辅导和团体辅导相结合的方式进行干预和引导。通过个别辅导来帮助学生分析困扰产生的内源性和外源性因素，有针对性地给出合理建议，提出具有可操作性的具体解决方案。通过团体辅导为学生提供交往的环境和机会，在模拟的社交情景中，学生尝试各种交往方法来达到沟通交流的目的，从而提高人际交往能力。同时，还可以通过开展相关心理卫生讲座、社交专题讲座等方式帮助学生正确认识自我、科学看待心理困惑，并帮助学生掌握一定的人际交往技能。

（五）职业生涯辅导

生涯是生活中各种事件的演进方向和历程，它统合了人一生中的各种职业和生活角色，由此表现出个人独特的自我发展形态。同时，生涯也是个体自青春期以至退休以后，一连串有酬或无酬职位的综合，除了职业之外，生涯还包括任何与工作有关的所有角色。例如，小学生、教师、退休工人等角色。所以，生涯可以理解为介于生命和职业之间的概念，其内容宽泛，内涵丰富，具有独特性。

职业生涯是指一个人一生中从事职业的全部历程，这个历程可以是间断的，也可以是连续不断的。它既包含个体所有的工作、职业和职位的外在变更，也包括个体对工作态度和职业体验的内在变更。职业生涯规划是指个体把自身发展与组织发展、眼前的机遇和制约因素相结合，并对决定个人职业生涯的个人因素、组织因素和社会因素等进行综合分析，从而制定个体一生中在事业发展方面的战略设想与规划。这些规划包括为自己确立职业方向、职业目标，选择职业道路，确定教育和发展计划，为实现职业生涯目标而制定一系列的行动方案等。

第二节 大学生心理咨询与辅导员团队建设

一、大学生心理咨询

心理咨询是指来访者就自身存在的心理不适或心理障碍，通过语言、文字等交流方式，向具有专业素养的心理咨询师进行诉说、询问和商讨，在其支持和帮助下，通过讨论找出引起心理问题的原因，分析问题的症结所在，进而寻求摆脱困境与解决问题的条件和对策，以便来访者恢复心理平衡，提高对环境的适应能力，增进身心健康的过程。

（一）心理咨询的主要模式

心理咨询的模式是指导高校心理咨询工作的基础，它既与心理科学的理论发展有密切联系，又与学校心理咨询自身的需要息息相关。一般认为，心理咨询模式主要包括发展模式、教育模式、社会影响模式和医学模式四种：

1. 发展模式

发展模式是指心理咨询应当遵循个体心理发展的一般规律，针对学生在不同发展阶段所面临的任务、矛盾和个体差异，促使其心理矛盾得到妥善解决，心理潜能得到有效发挥，个性品质实现和谐发展，以及任务得以顺利完成。

　　发展模式的基本特征是注重对学生发展历程、发展障碍和发展规律的了解，强调咨询师在咨询过程中的引导作用。具体而言，发展模式包括三方面的特征：一是发展模式不仅在一个时间横断面上要了解学生心理发展的性质与状态，更强调在时间延续性上考查学生心理发展的潜力与水平。二是发展模式注意对学生发展障碍的早期发现和预防，尤其重视心理危机的早期觉察和干预。三是发展模式试图使学生在日常生活情境中就能从教师、家长等成年人那里获得科学的辅导和帮助。

　　2. 教育模式

　　教育模式也称为指导模式，基于全面了解学生素质、专长、兴趣、性格和其他人格特质的基础上，对来访学生学习、适应、升学、就业等方面问题所进行的综合性指导。

　　教育模式的基本特征是强调对学生心理特点和心理问题的了解，充分发挥咨询师对学生成长中的理性指导作用。具体而言，教育模式具有四个特征：一是教育模式强调来访学生的稳定特征（如遗传因素、智力、经验、人格特质、行为习惯等）对当前行为的影响。二是教育模式强调发挥咨询师的指导作用。三是教育模式重视对来访学生解决问题和作出决定的技能训练，并使其将学到的技能迁移到实际学习和生活中，以促进来访学生的适应。四是教育模式注重信息收集，尤其是有关职业指导方面的信息收集。

　　3. 社会影响模式

　　社会影响模式是指在心理咨询中，咨询师依据社会心理学的有关原理，注重咨询双方的社会角色、性别差异、文化素养、价值观念、个性倾向、社会习俗等多种社会因素及社会环境对咨询效果的影响，以提高咨询的成效，巩固咨询的结果。

社会影响模式的基本特征是从人际交往和社会因素方面探讨有关咨询的条件与途径。具体特征包括三个方面：一是社会影响模式注意不同社会文化背景对咨询过程的影响。二是社会影响模式重视个体社会化结果（如咨询双方的价值观念、个性倾向、角色心理、方式等）对咨询过程的影响。三是社会影响模式注重社会环境对咨询结果的影响。

4.医学模式

医学模式也称为治疗模式，是指在咨询过程中，咨询师站在医师的角度，对求助的心理偏常者给予严格的心理诊断和耐心的心理治疗，并发挥治疗对象在治疗过程中的积极作用，以减轻来访者的心理压力和精神痛苦，促进其心理功能的恢复和协调。

医学模式的基本特征是把咨询看作咨询师和患者之间的治疗关系，采用各种临床心理手段解决来访者的心理偏常问题。其具体特征包括三个方面：一是医学模式中的咨询师比一般的心理咨询过程中的咨询师，更多地考虑临床心理学各个方面的使用。二是医学模式注重来访者的自我选择和自我矫治能力。三是模式强调咨询双方的体谅、信任、合作和坚持精神。

（二）心理咨询的遵循原则

心理咨询的原则是咨询工作中应遵循的根本要求，是有效地为来访者排忧解难的基本保证。心理咨询的基本原则可以从以下三方面来界定：

1. 职业要求方面的原则

心理咨询是一项专业性很强的工作，它既是一门科学，又是一种特殊的职业，在伦理道德等方面有着严格的要求。咨询人员必须恪守有关原则，这是心理咨询的首要前提。

（1）保密原则。心理咨询是人与人之间心灵的沟通，也是人际交流的艺术。当来访者将自己埋藏在心底的困惑与苦恼讲述给咨询师时，他希望对方理解他的心境，分担他的痛苦，还希望对方不会将自己的隐私和心事告诉他人。因此，保守秘密既是职业道德的要求，也是咨询能有效进行的最起码、最基本的要求。这是心理咨询与一般朋友之间交流的重要差别，也是专业心理咨询与非专业心理咨询的区别。

（2）中立原则。咨询师在心理咨询中应始终保持不偏不倚的立场，确保心理咨询的客观与公正，不得将自己私人的情感、利益掺杂进去，保持冷静的、清晰的头脑。在咨询过程中，不轻易批评对方，不将个人的价值观强加于对方。

（3）信赖原则。咨询师应以满腔热情、真诚的态度，从正面来审视来访者的问题与错误表现。咨询师是信任与接纳的化身，若要尊重与接纳每一个来访者，则必须对人的本质有积极的信念，相信每个个体独特的潜能，重视每个个体的人性尊严与价值，这样才能采取正面、积极的审视态度引导来访者的转变与成长。

2. 心理咨询活动的原则

在心理咨询过程中，咨询师应坚持一些基本原则，这些原则直接影响心理咨询的效果。

（1）理解与支持原则。理解与支持原则要求咨询师深入体验来访者的内心世界，以深刻了解其精神痛苦和行为动机。从专业角度而言，这种真诚理解是同感的基础。咨询师对来访者的自我反省与转变的努力予以及时的肯定与支持，可使他们深受鼓舞，改变对自我的认识，这将有助于来访者解除心头的郁结，从而获得鼓舞和信心。

（2）疏导与启发原则。咨询师应该对来访者的失调情绪进行合理疏导，给予适当的安慰，对咨询中来访者表现出的积极因素及时给予肯定。同时强调启发性，引导来访者正视自己面临的问题，并从多种角度思考问题，以促进其自我理解和行为调整，提高独立性。

（3）耐心细致原则。耐心细致原则要求咨询师对来访者的行为转变做长期的思想准备，不因目前的挫折与反复而失去对来访者的信心。由于心理咨询难度性和弱效性问题，来访者的自我反省与转变会因各种内、外界的因素而出现反复与言行不一。因此，心理咨询需要咨询师采取积极的态度与耐心细致的思想准备，以有效与来访者沟通。

（4）非指示原则。人本主义流派认为心理咨询主要不是一种外部指导或灌输关系，而是一种启发与促进内部成长的关系。相信每个人都有巨大的成长潜力，要通过咨询激发潜力，就不能对来访者的行为简单地进行解释。非指示原则要求咨询师在咨询过程中对来访者绝对尊重、接纳，竭力推动对方去独立思考，从而强化其自助能力，避免直接出谋划策。

（5）预防性原则。当发现来访者的心理问题可能向心理疾病发展时，咨询师应加以提醒，提早预防。

3.应用咨询方法的原则

目前世界上心理咨询的方法达四百多种。至今各种理论流派仍层出不穷，且效能各具千秋。一般而言，根据心理咨询与治疗的方法所依据的理论不同，心理咨询方法的分类大致有三大类，即精神分析法、行为主义疗法和人本主义疗法。其他的方法可视为这三大类的衍生或结合。因此，在运用心理咨询的方法时应遵循以下基本原则：

（1）综合原则。在实际心理咨询实践中，至今还没有任何一种方法能取代其他方法，因为所有心理咨询方法各有长短，各自适用于不同的情况。部分学者认为咨询师需要多种方法结合运用，在了解多种方法的各自特点之后，根据来访者的具体情况，选择合适的方法。也有人主张在咨询的初期多用人本主义疗法，咨询中期多用精神分析法，咨询后期多用行为主义疗法。

（2）发展性原则。人的心理活动始终处在动态过程中，心理咨询也是不断发展变化的过程。咨询师要用发展变化的观点看待来访者，选择和运用的方法要有助于来访者的成长发展，还要根据实际情况随时调整方法。

心理咨询和心理治疗虽有区别，但本质上是相通的。咨询过程本身就有一定的治疗意义，而治疗也离不开必要的咨询过程。因此，在咨询中，咨询师不仅要帮助来访者分析心理问题产生的原因，使其有所领悟，同时也要采取必要的措施，使心理咨询更加有效。

（三）心理咨询的会谈技术

1.心理咨询的倾听技术

（1）专注与倾听。专注与倾听技术是指咨询过程中，咨询师通过语言与非语言行为反映出咨询师正全神贯注地聆听来访者的语言表达，细读来访者的非语言行为，关切、同情与重视来访者的遭遇，愿意伴随来访者了解问题的始末。

咨询师的专注与倾听可分为两个层面：第一个层面是指咨询师身体的专注与倾听，第二个层面是指咨询师心理的专注与倾听。咨询师身体的专注与倾听包括五个基本要素：面对来访者、身体姿势开放、身体稍微倾向来访者、良好的目光接触、身体放松。

第一，专注与倾听技术的适用时机与注意事项。在咨询过程中，咨询师需始终表现出身体与心理的专注与倾听。因此，专注与倾听技术适用于整个咨询过程。咨询师在使用专注与倾听技术时，必须随着来访者语言与非语言行为的变化随时调整自己的语言与非语言行为，以同样的节奏跟随来访者，表明咨询师的专注与倾听。

第二，专注与倾听技术的功能。咨询师的专注与倾听能建立良好的咨询关系，鼓励来访者开放自己、坦诚表白，聆听与观察来访者的语言与非语言行为，深入其内心世界。

（2）询问与追问。咨询过程中，探索和提问是必要的，这不仅可以加快咨询关系建立的进程，而且可以让来访者无法掩饰和撒谎。虽然倾听在会谈中非常重要，但适当的提问会让来访者感受到咨询师的认真负责。对于情绪激动或思维混乱的人而言，探索与提问还可以帮助他们稳定情绪，整理思维和内部语言。使用提问技术应注意以下方面：

第一，多用开放式提问，少用封闭式提问。通过开放式的提问，咨询师可以了解与问题有关的具体事实，来访者的情绪反应、看法及推理过程等。

第二，开放性的问题要慎用"为什么"。因为有时来访者对问题的原因并不很清楚，或感到难以表达。有时对问题原因的解释可能会触及其秘密和隐私，此时的咨询关系还不够成熟，不能保证其回答的真实性，反而会为以后的咨询或治疗带来困难。

第三，封闭式提问不可连续使用。一连串的"我问你答"易使来访者感到对方主宰着会谈，而把解决问题的责任转移给咨询师，来访者往往变得沉默，不问就不说话，停止其自主探索，甚至降低对咨询师的信任度。

第四，使用"轻微鼓励"。轻微鼓励是指在谈话过程中，咨询师借助一些短语或复述来访者谈话中的一两个关键词或语气词，或用点头、注视等表情动作来支持对方往下说。

第五，不要连续提问。如果在咨询师提问后，来访者说出一些重要信息，咨询师应该做出同感反应，而不要再接着提问，因为同感反应能促使来访者进一步探索自己。

第六，要善于运用积极性提问。积极性提问是指能使来访者以积极心态进行回答的提问。

第七，避免判断性提问。带有判断性的提问往往包含着咨询师本人对来访者的某种评价，来访者就会认为咨询师不理解他。

（3）重复。所谓重复就是咨询师就来访者描述的内容，选取重要的部分并将该部分重复一次，让来访者就讲述的部分做进一步说明，或是顺着重复内容的方向继续会谈。来访者叙述的内容开启了一个谈话的方向，咨询师的重复可以将谈话引导到某个关键的问题上，并且深入探讨。

第一，重复技术的适用时机及注意事项。重复技术可以用于咨询过程的任何阶段。咨询师重复的内容必须是来访者的话，而不是咨询师自己的重复，是来访者叙述中的关键主题和来访者此时此刻的感受及想法。通常而言，来访者叙述中最后面的信息一般是最重要的，咨询师可以选择那部分进行重复。

第二，重复技术的功能。重复技术的功能分为三点：协助咨询师进一步了解来访者；协助来访者进一步了解自己；决定谈话方向。

（4）澄清。澄清也是一种技巧。咨询师对已经发现的破绽要及时予以澄清，如果任其继续会引出谎话。从事心理咨询的新手总是不敢澄清事实，担心来访者觉得自己没有被充分尊重，这也是有一定道理的。如果在澄清前问"你介意我这样理解吗"等一类的话，就可以较好地消除误会，减轻彼此之间的压力。

第一，澄清的目的。澄清是让来访者表达的信息更加清楚，并确认咨询师对来访者知觉的准确性。澄清的目的为：鼓励来访者更详细地叙述；核查来访者所说事情的准确性；澄清含糊、混淆的信息。

第二，澄清的基本步骤。要确认来访者的言语和非言语信息的内容；确认任何需要检查的含糊和混淆的信息；确定恰当的开始语，要使用疑问（不是反问）的语气；要通过倾听和观察来访者的反应来评估澄清反应的效果。

2.心理咨询的非言语技术

会谈，顾名思义就是会面和谈话。在这里，会谈中的双方不仅仅通过谈话交流，会谈双方视线的接触和身体的姿势等也会成为会谈中交流的要素。在会谈过程中，有些来访者的讲话中还可能会有些伴随的线索出现，特别是在其有情绪时，咨询师要多加注意。

（1）目光接触与身体语言。在会谈中，咨询师与来访者视线的接触及咨询师的身体姿势动作所构成的身体语言，是判断一个咨询师是否成功的重要因素。一旦咨询师要参加某个会谈，就应注视着自己的会谈对象，一直保持与会谈对象视线的自然接触，表示出对他的关注。

当来访者在讲话时，如果咨询师注视着对方的双眼，对方同样也可以了解咨询师。他们可以得到这样的信息，即自己的话是否被咨询师认真听取，是否能被接受，是否可以被理解。咨询师对来访者的共情与理解、尊重与关注等信息均可以从其目光中传递给对方。视线接触就是要求咨询师注意自己的目光，因此，当咨询师倾听对方的谈话与叙述时，目光可直接注视着对方的双眼。当咨询师在讲话解释时，这种视线的接触可比听对方谈话时少些。换言之，对方讲话时，一定要用目光表达自己的关注。咨询师在谈话时，有时视线可以短时间离开对方。

人类的身体语言是极为丰富的，如站立的姿势、坐着的姿势、举手投足都可包括其中。人们在各自的生活经历中，可能会形成一些自己独特的习惯，如习惯双手抱臂而立，或谈话时爱在室内走动，或坐在自己的办公桌上，或想问题时经常颤动双脚，或解释说明时喜欢用各种手势等。文化背景不同的人还有其他一些不同的身体语言，如"V"字形手势表示胜利，耸双肩表示无可奉告等。

作为咨询师，在来访者面前，应使自己的身体语言融入咨询过程中去，以有利于咨询过程为准。比较适宜的行为表现是：当来访者初次到来时，可以与对方握手表示欢迎和接纳之意。若有的咨询师不习惯这种方式，也可以不用握手的方式，但需起身招呼来访者坐下。在整个咨询过程中，要使自己坐得舒适自如，同时又要表示出对对方的关注，可使自己面对对方，身体略微倾向于来访者，并用点头等方式表示自己对来访者谈话的注意。在说明问题时，可借助某些手势加强谈话效果，但要注意运用适度，不能显得过分夸张。在每次会谈结束时，咨询师应起身将来访者送出门外，这不仅被看作是一种礼节，也表明咨询师对来访者的主观态度。

（2）其他非言语性技巧。除了目光的接触与身体语言之外，还有其他一些非言语性的技巧。说话的语气、语调及速度就是其中之一。心理咨询的过程比较多地依靠咨询师的言谈话语来影响对方，这就需要咨询师能在咨询过程中很好地运用自己的语音、语调。来访者在听咨询师讲话时，咨询师所说的话语对他来说是理性化的东西，而他从声调与语气中感受到的是某种态度与情绪，这种态度与情绪会诱发来访者的感情。那么，作为一个咨询师，其声音是否能让对方感到温暖、顺耳，让人有兴趣听下去，这也是需要注意的。每个人的声音都是独一无二的，但关键是他要带着对对方的共情、理解与关切去讲话。这样讲出的话语才会有扣人心弦的效应。

咨询师谈话时还有一些需要注意运用的技巧。例如，发音不能太平，这会使人感到平淡无奇，枯燥无味；讲话时要有些抑扬顿挫、变速与停顿，这会使咨询师的话语变得有生机、有吸引力；讲话时要尽量发出明确的声音，使对方能够听清楚，如果含混不清，会使对方产生疑惑；语速不要过快或过慢，过慢会使对方感到拖沓、不精练，过快会使对方跟不上节奏，一般以中等速度较为适宜。因此，掌握谈话中的停顿有助于对方思考。停顿并非留下谈话的空白，停顿有三个作用：①留下言语的余韵。②求得同意、领会。③加强听者的注意力集中状态，这实际上是让对方参与其中。

座位的角度也是其他非言语性技巧之一。椅子若面对面，来访者会感觉有压迫感，效果不理想。椅子并排，则被称为情侣坐法，但咨询师与来访者会谈时应保持一定的专业关系，故也不理想。亦有人促膝而谈，但若遇到激动的来访者，会很危险。两人座位呈 90 度为较适宜的方式，这种做法容易看到对方，也方便记录。

3. 心理咨询的其他通用技术

（1）结构化技术。所谓结构化技术是指对心理咨询的性质、限度、角色、目标及特殊关系所做的解释，包括心理咨询时间的限制、需要晤谈的次数、保密性问题、可能出现的其他问题和应有的期待等，也可以包括理论构架、咨询关系、咨询环境及相关程序。在心理咨询之初，就将这些情况向来访者说明和解释，可以减少来访者不当或更高的期望。

心理咨询往往需要经过多次的晤谈了解情况，而每次晤谈的间隔时间是颇有讲究的，尤其在咨询的第二阶段，既不能太长，也不能太短。每次间隔都是来访者消化前次咨询的内容、根据启发做进一步反省和领悟、实践阶段性目标要求、完成布置的作业的过程，与晤谈一样是心理咨询的重要组成部分。间隔时间一般以 1~2 周为宜。间隔太长不利于整个咨询过程的连续性，容易造成前后脱节，来访者的变化过程无法得到咨询师的及时指导和帮助，从而影响咨询效果。间隔太短，则不能有效地实现间隔阶段的治疗价值，不能体现咨询师指导、帮助来访者自治的咨询本质，容易造成来访者对咨询师的过分依赖，从而影响咨询效果，也使咨询师接待来访者的时间和精力被耗费。除非是来访者处于情绪危急状态，需要咨询师助其迅速缓解以应付正常生活，这种情况下咨询的间隔时间可以适当缩短，但这种缩短也应是暂时性的。

1）结构化技术的功能。

第一，减少来访者的疑惑与不切实际的愿望。如来访者认为：咨询师是个万能的人，有能力帮助他解决任何问题；自己只需等待咨询师的建议；问题可以很快获得解决；咨询就是听咨询师分析，找出问题的原因。这些想法都是错误的。

第二，协助来访者了解咨询过程，以减少来访者的焦虑。

第三，协助来访者做好准备，以利于咨询的进行。

2）结构化技术的适用时机及相关程序。在咨询开始时，咨询师向来访者说明从咨询开始到结束的要素。在咨询过程中，咨询师进行每一项活动时，都有必要向来访者说明活动进行的方式、来访者在活动中的角色，好让来访者决定是否同意参与。

（2）评估。咨询方法虽是咨询师与来访者共同研究选定的，但并不表明这些方法一定合适，也不能保证来访者会很好地实施。因此，需要对咨询方法进行评估。咨询方法的评估不应在问题处理终结的时候才进行，而需在运用咨询方法的同时注意收集有关资料，这样才能及时发现问题，或是调整咨询方法，或是帮助来访者改变对咨询方法使用不当、投入不够的状态。

评估通常从整体的角度出发，以咨询目标为参照点，衡量来访者进步的情形。评估资料主要来源于来访者，而其生活环境中的重要人物也是评估的资源之一。为收集评估资料，常采用的方法有以下三种：

第一，由咨询者向来访者提出问题，要求其做出回答。

第二，由咨询师通过观察收集资料。咨询师通常可以从与来访者的晤谈中观察其现实的情绪状态、认知特点、行为方式，也可以通过来访者生活环境中的重要人物了解其认知、情绪、行为的变化情况。

第三，指导来访者用写日记或咨询体会的方式收集资料。这既可以让咨询师了解来访者运用咨询方法的情况和效果，又可以使来访者自我改变。如果自我改变的结果显示其正在朝咨询目标的方向发展，那么这对来访者是一种鼓励，能增强来访者的信心；反之，也会通过言语和非言语反馈给咨询师。

（3）结束咨询过程的技术。必须让来访者意识到心理咨询即将结束、咨询关系即将终止，从而使其对结束咨询和结束后的生活有所准备，避免结束的突然性和由此造成的惊慌失措。

为此，必须向来访者说明其心理问题已基本得到解决，通过咨询已获得了经验，增长了能力并已能独立应对生活环境。同时，也须向其承诺，心理咨询室会在必要时再次给予其关心和帮助，以免除其后顾之忧。值得一提的是，向来访者介绍、说明结束咨询的问题应尽可能以平淡的方式进行，暗示来访者结束咨询是一件自然、平常的事情。

逐渐结束的方式亦是常被运用的结束咨询过程的技巧。逐渐结束的方式有两种：

一种是拉长两次晤谈间隔的时间，如果咨询师原来与来访者每周晤谈一次，到咨询末期可改为两周甚至一月一次。另一种是减少每次晤谈的时间，即由原来每次晤谈一小时左右缩短为每次半小时甚至更短的时间。

二、大学生辅导员团队建设

（一）辅导员在心理健康中的作用

1. 促进辅导员工作科学化和专业化

高校学生辅导员主要承担学生思想政治教育和学生管理工作。在现实工作中，学生的思想、行为问题许多是由心理问题引起的。随着社会的发展，辅导员越来越多地承担起学生心理疏导的工作。因此，培训高校辅导员队伍，使其具有一定的心理学知识与心理咨询技能，具备对学生开展心理素质教育的能力，是实现辅导员工作科学化、专业化的必然要求。

2. 深化并普及高校心理素质教育

辅导员是高校学生思想政治教育的一支骨干队伍。不仅负责思想政治教育和管理工作，还承担着对学生进行心理疏导，帮助学生心理健康发展的任务。由于他们在工作中接触学生最为密切，最了解学生，因而能够及时发现学生的心理问题，及时进行疏导。依靠广大辅导员对学生进行心理素质教育和心理辅导，有利于解决高校心理咨询专业人员不足带来的心理素质教育普及不够广泛、学生一般性心理问题不能及时得到疏导的问题，能够把对大学生的心理素质教育落到实处。

（二）辅导员在心理健康中的角色

虽然高校辅导员开展心理辅导很重要，他们承担对学生进行心理素质教育和对学生一般心理问题进行辅导的工作，但是辅导员不是专业的心理咨询师，其角色与功能有别于高校心理咨询教师。高校辅导员在心理辅导工作中有其独特的角色定位和作用。主要有以下五个方面：

1. 大学生心理成长促进者

大学生处于人生发展的重要时期，辅导员应该结合日常学生工作，开展丰富多彩的心理健康教育和团体成长活动，促使大学生提高自我认识、增强人际关系、培养多种能力、磨练意志、开发潜能，使其拥有正确的人生态度，树立正确的人生理想。

2. 大学生心理困惑疏导者

辅导员工作在大学生教育第一线，是学生工作的直接管理者。他们的工作特点使其与学生接触更广泛、更亲密，因此更容易与学生建立相互信任和尊重的关系。他们同学生的接触时间长，与大学生年龄相仿，生活阅历和成长背景与大学生接近，与学生有较多的共同兴趣爱好和话题，对学生的个性特征、家庭状况、人际关系等方面有比较清楚的了解，便于及时发现学生潜在的心理问题，能够对学生常见的心理问题进行及时疏导和提供建议，帮助学生及时解除心理困惑。在维护学生心理健康方面，高校辅导员扮演着不可或缺的角色。

3. 大学生心理咨询推荐者

辅导员是大学生心理问题的第一发现人，他们可以及时推荐有严重心理问题的学生到专业的心理咨询和心理治疗机构接受咨询和治疗。当学生有了心理问题不能主动求助时，辅导员可以对学生进行说服工作，帮助他们改变对心理咨询和心理治疗的不正确认识，去掉疑虑，主动寻求心理帮助。辅导员在学生和心理咨询中间起着重要的桥梁作用。

4. 大学生心理康复支持者

对于一些接受过心理咨询和治疗，正处于心理康复期的学生，重要的是让他们回归正常的社会生活。辅导员应当接纳这些学生到正常的学习生活中来，关心他们的学习和生活，解决他们的实际困难，发动周围同学给予其关爱，鼓励他们参加集体活动，培养其社会适应发展能力，协同专业机构对其进行辅导，巩固咨询和治疗效果，使其尽快恢复健康。

5. 大学生心理危机干预者

辅导员可以广泛地对学生开展心理危机预防干预教育，及时识别有心理危机的学生。学生心理健康危机事件有偶然性、突发性、危害性大、影响面大、社会关注度强且处理过程复杂、工作难度大的特点，辅导员在预防和应对心理危机事件中发挥着重要作用。

辅导员对上可以求助于学校心理中心的专业心理指导教师，对下可以调动学生党员、干部等群众力量，对外还可以及时与家长沟通，充分调动各方面的资源，共同帮助有心理问题的学生。因而辅导员在学生心理健康危机事件预防和应对的具体落实上发挥着重大作用。此外，有一些辅导员还要承担一定数量的大学生心理健康课程的教学任务，因此，他们也担任着心理健康课程的教师角色。辅导员要胜任职务角色，就需要学习和借鉴心理咨询的理论与方法，接受心理辅导能力的培训。

（三）辅导员心理辅导专业技能培训

对辅导员进行心理辅导技能培训是提高辅导员心理辅导能力的重要措施，既是辅导员自身成长的需求，也是当代辅导员在学生工作中的需求。

1. 心理辅导专业技能培训的目的

心理辅导技能的培训目的是促进辅导员个人成长和身心健康，高校辅导员承担着学生的思想政治教育、管理、资助、就业指导、心理健康教育、心理危机预防干预工作，还要承担一些相关的课程和研究工作，学校各部门中直接与学生有关的工作都要通过辅导员来具体落实。学生中危机事件的发生不仅给辅导员增添了许多工作量，也会对辅导员的身心造成影响。

除工作之外，辅导员自身还承受着各种生活的压力，如个人的学习、进修、发展等。对辅导员进行心理素质教育能力的专业培训，可以帮助辅导员们运用所学的心理学理论和方法调整自己的心态，增加自我认同感和自我价值感，积极乐观地面对生活和工作，提升心理健康水平，促进个人成长。

心理辅导技能的培训也是辅导员专业化发展的需要。高校辅导员绝大多数是非心理学专业毕业的，在专业素养和专业能力方面都存在欠缺，大多缺乏系统严格的训练。在日常的学生工作中，如何与学生进行深层的心理沟通，如何了解各类学生的心理特点，怎样疏导学生的不良情绪，怎样识别精神疾病和心理危机是辅导员需要具备的工作技能，辅导员迫切需要接受心理辅导的相关培训，需要掌握心理学的相关理论和心理咨询的方法，提升自身的专业化能力，科学化地做好学生工作。

2. 心理辅导专业技能培训的内容

高校辅导员心理辅导专业技能培训的目标包括：通过培训使高校学生心理辅导员能够掌握与大学生心理辅导相关的专业知识，具备大学生心理辅导的操作技能，能够运用所学的心理辅导知识和技能开展本院系、本班级的心理素质教育工作，与学生进行心理沟通，对学生进行心理疏导及危机预防干预，促进辅导员自身心理健康与自我成长。高校辅导员心理辅导专业技能培训内容包括以下方面：

（1）辅导员自身心理健康与成长培训。通过学习有关心理健康的理论，帮助辅导员了解心理辅导员个人成长的意义，明确辅导员的心理素质要求，学习心理调节的方法和促进心理辅导员个人成长的有效措施，使辅导员能够提升自我认识，正确处理压力，保持心理健康。

（2）心理咨询理论与方法培训。包括心理咨询的定义、心理咨询的伦理道德、心理咨询关系的建立、心理咨询与思想政治教育的关系、我国高校心理咨询的发展、个体心理咨询的基本过程及常用技术（包括尊重、真诚、共情、非语言沟通技术、倾听技术、提问技术、影响技术等）、心理咨询的基本过程、心理咨询计划和方案的制订与实施、心理咨询的基本理论流派（包括精神动力学理论、人本主义理论、认知行为理论等）。另外，还有团体心理咨询的理论与方法，包括团体心理咨询的基本理论、团体心理咨询的主要阶段、团体心理咨询的基本方法、班级心理辅导的组织实施等。

（3）大学生心理健康专题培训。涵盖大学生心理健康的概念、大学生心理健康的标准、心理健康对大学生成才发展的意义、大学生常见心理问题的表现及鉴别、大学生常见的心理问题及教育（大学生的自我意识，适应与发展、人际交往、情绪管理、恋爱心理、挫折应对等），还有开展高校心理素质教育活动的途径和方法等。

（4）大学生心理危机识别与预防干预培训。包括心理危机及心理危机干预理论、心理危机的干预模式与干预技术、心理危机的发现与识别、高校心理危机预防干预体系的实施、高校心理危机干预的流程、高校心理危机干预案例分析。此外，大学生心理测量的基本方法也是培训内容之一，包括心理测量的基本原理及应用、心理测量的伦理要求、大学生常用心理健康相关量表的使用等。

对于辅导员的心理辅导技能培训，要采取理论联系实际的方法。引导辅导员在教学过程中，结合自己的生活经历、成长过程、工作实际和心理活动进行学习和思考，自觉运用学习的相关理论，分析工作、生活、发展中遇到的实际问题。培训既要有集中性的理论培训，也要注重实践环节，以培养辅导员的实际应用能力为目标，引导辅导员把学习的理论与方法运用到大学生思想政治教育之中，运用到本校心理健康教育之中，增强工作的科学性和实效性。对辅导员的学习与应用进行督导，可以帮助他们在实际工作中更好地运用心理辅导的理论和方法，因此，培训中要设置专业督导的环节。

第三节　高校大学生心理辅导的方法和途径

一、心理辅导的方式

目前实施的心理辅导可以概括为教育教学中的心理辅导、开设心理辅导活动课程、个案咨询、书信咨询、电话咨询、专栏咨询、团体心理辅导和讲座、网络心理咨询。学校可以根据学生的实际情况和学生的心理需要来选择适当的形式，以保证心理辅导的实效。了解和掌握这些学校心理辅导的具体形式，有助于我们更好地将心理辅导方法运用于教育教学工作之中，从而促进教学质量的提高。

（一）教育教学中的心理辅导

教育教学中的心理辅导即辅导教师在教学过程中，针对有心理问题或心理困惑的学生进行的专门的心理咨询与辅导。教学的本质在于促进人的全面发展，这与心理辅导的目标一致。在教学过程中主要应处理好以下关系：

（1）教师与学生之间的关系。

（2）学生与学生之间的关系。

（3）学生与自我之间的关系。

（4）学生与知识之间的关系。

（5）学生与学习之间的关系。

（二）开设心理辅导活动课程

开设心理辅导活动课程是指每学期专门开设一定课时量的心理辅导课程。

心理辅导活动课程的形式多种多样，例如体育活动、游戏活动、手工艺制作、音乐活动和美术活动等。通过体育活动来培养学生坚毅沉着、勇敢顽强、吃苦耐劳和坚持不懈的良好品质。通过游戏活动来培养学生的团队合作能力，使他们形成公平竞争的理念，养成遵纪守法的社会生活习惯。通过手工艺制作可以培养学生的动手能力，同时也可以激发学生的创造性潜能，并增强学生对生活的热爱之情。通过音乐活动可以净化心灵、放松心情、缓解疲劳、释放压力、培养学生调适身心的能力。通过美术活动可以使学生充分发挥想象力和创造力、表达思想与情感。

（三）个案咨询

个案咨询即心理辅导教师在学校心理咨询室接待来访者，辅导教师通过与学生一对一的沟通互动实现的专业助人活动。

（四）书信咨询

书信咨询是通过辅导教师与学生进行书信交流的形式实施心理辅导。这种咨询方式操作简单、运用方便，非常适合那些对自己的心理障碍有顾虑、比较胆小或怯懦的学生。

（五）电话咨询

学校心理辅导教师可以公布办公室电话甚至个人移动电话，以便于学生出现心理障碍时可以通过电话的方式随时与辅导教师进行沟通。

（六）专栏咨询

专栏咨询是指心理辅导教师针对本学校学生的实际情况，通过广播、报纸或张贴栏等形式对学生的典型心理问题进行辅导和解答。这种方式时效性较高，实施简便。

（七）联系学生家庭

与学生家长共同开展发展性心理辅导。家长关于发展性心理辅导的认识和概念将直接影响学生心理健康教育和学校发展性心理辅导的开展。因此，学校应当把发展性心理辅导延伸到家庭，与家长建立广泛密切的联系，提高家长对子女的心理健康教育意识，使发展性心理辅导工作突破校园界限，扩展到家庭、社会，形成"学校—家庭—社会"结合的网络系统，成为全社会都关心、支持的工作。

（八）团体心理辅导和讲座

团体心理辅导和讲座主要指教师针对学生团体中存在的普遍心理问题或心理困惑进行当面的、集中的指导和咨询。学校团体辅导的对象可以是学生群体、家长群体或亲子群体，甚至是由任课老师、校领导、家长和学生共同组成的群体。

（九）网络心理咨询

网络心理咨询是指辅导教师以网络为媒介，运用各种心理学理论和技巧，帮助当事人以恰当的方式解决其心理问题的过程。目前，使用得比较多的网络咨询与服务方式主要包括实时聊天软件，如微信、QQ 和微博等。

创建发展性心理辅导网页。网络成为学生教育的重要载体，对于大学生发展性心理辅导更是如此，由于网络的隐蔽性，学生更容易袒露心扉，说出自己存在的心理障碍。因此，创建发展性心理辅导网页，开展网上发展性心理辅导十分重要。发展性心理辅导网可以设立心路历程、心理导航、心理测试、心理发泄、好书推荐等栏目，从而进一步扩大发展性心理辅导的普及面。

二、心理辅导中的心理咨询

（一）心理咨询概述

心理咨询是心理咨询师将其掌握的咨询心理学的理论和技能应用于实践，帮助求助者解决心理问题或心理困扰的过程。在这一过程中，心理咨询师要遵守一定的专业要求或职业规范，在其专业专长的领域内提供服务。另外，各个不同的心理咨询师由于其所受教育和训练的背景不同，所遵循的理论指导不同，工作方式和风格也不尽相同，不能强求一致。

1. 心理咨询的起源

现代心理咨询起源于西方，尤其是以美国为代表。一般认为，促进心理咨询发展主要有五个历史根源。

一是美国波士顿大学教授弗兰克·帕森斯的职业指导工作及职业指导运动的开展。由于美国的工业发展和中等学校招生的迅速扩大，可选择的职业千差万别、多种多样，这为年轻人接受教育和选择职业创造了机会。于是，帕森斯开始了职业指导工作，并于 1908 年成立了波士顿职业局，标志着职业指导走向规范化。

这是心理咨询发展史上的第一个里程碑职业布局，目的是把年轻人的职业能力倾向和兴趣与他们的职业选择联系起来。1909 年，帕森斯出版了《选择职业》一书，为心理咨询的诞生奠定了重要的基础。此书在心理咨询方面的价值是提出了帮助个人选择职业的方法学。帕森斯认为，一个人的职业必须与其兴趣、能力和个性相符合。为了得到理想的职业，不仅要对环境（如成功的条件、工作的性质等）进行正确的评估，也要对自我有正确的认识。1910 年 3 月，美国首届职业指导全国会议召开，有组织的职业指导运动开始闻名全国。1913 年，美国国家职业指导协会成立，并从 1915 年开始发行不定期的专业刊物。职业指导的目标是通过职业指导使年轻人优化职业选择。职业指导运动是心理咨询理论和实践发展的主要动因。职业指导至今仍是世界学校心理咨询工作的重点，在不久的将来也会成为我国学校心理咨询的重点内容之一。

二是心理卫生运动的掀起。1908 年，美国人比尔斯根据自己在精神病院住院期间所遭受的冷漠、虐待，出版了《自觉之心》（又名《一颗找回自我的心》）

一书，引起了社会的普遍重视。1909 年 2 月，在纽约成立了"美国全国心理卫生委员会，促进了人们对心理健康的重视。心理咨询的发展与心理卫生运动的开展是密切相关的。

三是心理测量运动和个体差异的研究。第一次世界大战期间，由于美国军队面临着对征募来的士兵进行甄别和分类的需要，心理学家需要运用心理测量方法来识别和淘汰智力不足者，并使新兵人尽其才。战后，军队使用的各种测验转为民用，促进了对心理测量的研究。心理测量的研究和运用为职业指导及心理咨询提供了有效的手段。

四是一种非医疗的、非心理分析式的咨询和心理治疗模式的诞生。第二次世界大战的爆发，20 世纪 30 年代经济大萧条局面的缓和所产生的社会变化，使得心理咨询超出了教育和职业的领域，而开始更多地为民众的心理适应、情绪调节、人际相处、心理保健等服务。1942 年，人本主义心理学家卡尔·罗杰斯的《咨询与心理治疗》一书的出版标志着一个心理咨询新时代的到来。他在书中提出的观点改变了长期以来认为只有经过专业训练的精神科医生才能从事咨询、治疗的看法。他认为一个没有医学学位的人也能从事心理咨询，咨询内容扩展到人生的各种问题，推动了心理咨询的发展和咨询领域的拓展。"咨询"一词就是他第一个提出来的。英国心理学家汉斯·艾森克 1952 年对心理治疗的效果提出疑问，他认为：心理治疗与病人康复之间的相关似乎是反向的。艾森克的观点招致了无数的批评，但激发了研究者对心理治疗效果进行研究的热情。

五是各种社会、经济因素促进了心理咨询的发展。第二次世界大战后，由于大量的退伍兵、伤残者面临个人的适应问题和职业适应问题，也由于更多的学生有机会接受高等教育以及民众越来越需要心理学的服务。同时，由于美国心理学会在规模、地位、影响上的发展以及政府和基金会对职业指导、心理咨询研究的财政支持等等，这些因素都有力地促进了咨询心理学学科的发展和心理咨询工作的开展。

2. 我国心理咨询的发展

在我国心理咨询发展过程中，尤其引人注目的是高校心理咨询活动的蓬勃开展。高校心理咨询队伍已成为目前我国心理咨询行列中人数最多、活动最频繁、发展最快、专业化水平较高的一支生力军，对广大青年学生的身心健康、全面发展产生了积极的影响，并辐射到社会各个领域。

纵观我国心理咨询的发展现状，笔者认为可概括为以下主要特点：

其一，心理咨询领域不断拓展。在我国，心理咨询由精神病院、综合性医院扩展到了高校、中小学及政府部门、企业、社区、军队、监狱等。咨询内容由最初的对心理疾病患者的咨询、治疗扩展到对正常人的心理咨询和心理教育，形成了从对正常人的心理指导和帮助到对心理疾病患者的心理矫正、治疗这样一个连续的心理咨询服务体系。医院、学校、社区、企事业单位等各司其职又互相配合，形成了较合理的工作结构。

其二，心理健康教育队伍逐渐形成合力。一批从事心理学、医学、教育学、社会学以及思想政治教育等研究和实践的专家、实务工作者互相学习、共同协作，开拓心理咨询这一新领域，形成了颇具中国特色的心理健康教育队伍结构，一支专兼职、多学科、老中青相结合的心理健康教育队伍已经形成。

其三，各种心理咨询理论和方法被广泛借鉴、使用。多种心理咨询与治疗的流派被介绍到国内，但以精神分析理论、行为主义理论、人本主义理论、认知理论、后现代疗法等使用最多，多以模仿为主。心理咨询或者说心理健康教育的本土化议题已开始得到重视，是未来发展的必由之路。

其四，各种心理咨询培训频繁。在心理咨询和心理健康教育蓬勃发展的形势下，培养足够数量和质量的心理健康工作者已成为当务之急。为此，全国各地心理健康教育培训形成了热潮。值得一提的是，教育部思想政治工作司先后发文组织举办了高校心理咨询（后来是心理健康教育）骨干教师培训班。这些都为我国开展心理咨询、心理健康教育培养了一大批工作者，他们正在成为各心理健康教育机构的骨干，同时也为更大规模的心理咨询与心理健康教育高潮的到来积蓄了力量。

其五，缺少必要的专业训练。在美国和欧洲地区，对开展这项工作的人员是有严格的专业要求的。如美国要求专业人员具有临床心理学博士（心理治疗家）、哲学博士和教育学博士（咨询心理学家）的学位。相比之下，我国从事这方面工作的人员大多数没有接受过专业训练。目前我国已有部分有识之士关注到这一问题，提出心理咨询门诊并非任何人都可开设，鉴于我国目前的状况，开诊者至少应受过专业培训班的训练。在 20 世纪六七十年代，英、美等国的心理咨询与心理治疗工作者，曾要求以法律形式规定从事此专业人员的专业资格，因为他们认为一些江湖骗子打着心理咨询与心理治疗的幌子，败坏了心理咨询与心理治疗的名声。相信在不久的将来，这一问题也会提到我们的议事日程上来。1990 年至 1992 年，中国心理学会医学心理专业委员会及中国心理卫生协会心理治疗与心理咨询专业委员会几经讨论，草拟了一份《卫生系统心理咨询与心理治疗工作者条例》，并刊登在 1993 年的《心理学报》上。

其六，我国目前的心理咨询与心理治疗工作尚缺乏自己的专业刊物。随着心理咨询与心理治疗工作的进一步发展，应创办必要的刊物，以便有关人员了解国际、国内心理咨询与心理治疗的新进展和交流经验。这将有助于专业人员业务水平的提高，弥补专业训练的不足。

3. 心理咨询的范畴

心理咨询的范畴包含心理咨询师的定义范畴，心理咨询的定义范畴和心理咨询服务的社会学范畴等。根据 2001 年 8 月，由国家劳动和社会保障部颁发的《心理咨询师国家职业标准》对心理咨询师的定义：心理咨询师是运用心理学以及相关知识，遵循心理学原理，通过心理咨询的技术方法，帮助求助者解除心理问题的专业人员。其中界定了心理咨询师的专业、知识、职业、方法、咨询关系等相关范畴，也界定了心理咨询师与求助者的关系，而特别应当指出的是心理咨询师的工作方法是应用心理学的方法，而非医学的方法，当然也就是非药物方法。

心理咨询工作也与思想政治工作不同，与德育工作也有区别。首先，心理咨询虽有教育功能，但没有思想政治工作中的道德观、人生观、价值观的灌输、塑造功能。心理咨询需遵循心理学原理或理论，其理论虽有哲学渊源但已不是历史唯物主义和辩证唯物主义的宣讲和对人的思想的建设、规范和教育。心理咨询的关注点更多的是在帮助求助者具体地摆脱消极情绪的困扰，明确自我认识，提高对自我心理特点的自省。从以上特点看，首先其基本理论、原则、方向上都是与思想政治工作或德育不可互换或互相替代的。其次，思想政治工作或德育与心理健康教育及心理咨询虽然都触及人的思想和灵魂，也都有一定的价值导向、人文导向作用，但德育首先是规范，尤其是行为规范下的心灵净化、激励，思想方面的道德、良知、理性的理解和建立。而心理学工作所探讨的应是人的深层、内在的感悟、感知、情感、气质、性格，甚至是"无意识"（潜意识），而且应当是学生乐于接受的内容和方式，这也是一般的思想政治工作不会触及的心灵的深层内容。或者我们可以借用一个比喻，即思想政治工作是一个人的"理性"建设，是在国家、法律、政策、政治方向等的基础上，培养一个人的道德、规范、文明行为等方面的作用，而心理学的学习、教行，包括接受心理咨询，则是一个人的胸襟、情感、情趣、气质、修养的提升和升华，是一个人的"感性"建设。如果说二者之间有相互交叉和共同点的话，那德育更倾向于接受"规范"，而心理健康的发展，更倾向于"兴趣""性情"的培养和"潜移默化"。如果说德育的目标是着眼于社会伦理、秩序、规范、人与人关系中的文明的话，那心理健康的教育，心理健康的维护、发展应着眼于人的内在的心理平衡、和谐、健康、人格的健全。这最终虽然也会涉及人与人的和谐，甚至还会使其进一步达到人与自然的和谐，家庭和谐，社会和谐，但着眼的重点是人内在精神积极、活力、调和、自主和自制。

4.心理咨询的原则

心理咨询的原则，一般是指在求助者接受心理咨询的帮助时，心理老师或心理咨询师会遵循的相关原则，这些原则是所有从事此类工作者所共同遵循的相关原则，其目的是保证心理咨询工作有一个科学化的规范，也是保证能够真正实现心理咨询效果的最大化。由于从事心理咨询工作的专业人员所接受的教育训练的背景不同，所以，在咨询中会强调不同的原则的侧重点。但是，正因为如此，具体的某个心理老师或心理咨询师所重视或强调的原则侧重点恰恰是为了完成咨询目标服务的，对于求助者是有益的。

心理咨询一般会遵循的专业原则有：尊重原则、交友原则、保密原则和信任原则、预防性原则和疏导性原则、发展原则、计划性原则和针对性原则、重大决定延期原则等。

（1）尊重原则

尊重，是指心理咨询师对求助者的尊重。当然，求助者不论是大学生还是其他职业的人，对待帮助自己的心理老师，或心理学家、心理咨询师也应当尊重。作为心理老师或心理咨询师，尽管学生在学识、经验上还是在社会地位、经济实力等各方面都可能与之有较大差距，但作为老师，尤其是心理咨询师，特别强调应该平等待人，尊重学生。这种尊重有多方面含义和作用。首先，尊重求助者体现了心理咨询师的职业道德。心理咨询师不得因求助者的性别、年龄、职业、民族、国籍、宗教信仰、价值观等因素对其歧视。举例来说，作为职业道德要求，心理咨询师不得歧视女性、少数民族或普通劳动者、弱势群体成员、弱小国家的外国人，甚至是自己不喜欢的某个宗教信仰者等。

（2）交友原则

当一个人有了烦恼的时候，特别愿意去找朋友诉说。可是，不知你想过没有，为什么他不先去找父母、兄弟姐妹、伴侣、领导等诉说，而首选的是朋友呢？你会说，这还不简单吗？朋友能理解你，能包容你，但是又不会像妈妈那样唠叨和担心你，不会像爸爸那样批评和教训你。在心理咨询中建立一种特有的交友关系，除了以上所述求助者的这种心理因素以外，从心理学专业来看，还有以下几层含义：

①同盟性质的关系。格林森作为心理学家最早提出"同盟"的概念和专业

术语。他认为在心理咨询或心理治疗的双方，是一种有共同目标的合作伙伴关系。咨询师和求助者要相互配合才能进行工作。这就如同一条船的两支桨，如果只有一支桨在用力划水，那这只船不但不会顺利前行，还有可能会原地打转。所以这种同盟性质的伙伴关系是互相理解、互相支持的。再有，这种同盟关系有利于求助者提高自尊，利于求助者产生积极态度，更有勇气去探索新的认知心理。

②理性、建设性的朋友关系。这种朋友关系是比一般的朋友更理性、更新的人际关系。如果求助者过去的烦恼是由糟糕的人际关系引起的，那咨询中建立的这种人际关系就更加具有建设性，且这种新型的人际关系应当会使求助者建立新的自信和自立精神。而且这种新型的理性的朋友关系，并不代表着抛弃温暖、热情、知心和尊重，而是建立在更加全面完整的、健全的人格基础上的独立、自尊、自信和更有能力的人之间的理性的朋友关系。所以，也更有利于求助者在更加深入地审视自己过去的人际关系的同时，在心理咨询师的帮助下学会建立自己新的有积极意义的人际关系。

③有限制的特殊友谊关系。心理老师或心理咨询师虽然因为工作的特殊性了解了求助者的很多不为人知的内心愿望、矛盾、痛苦、情感等，但出于专业工作本身的要求，又有职业性的限制。例如，不得与求助者尤其是异性建立非工作的个人情感关系，不得建立谋取私利性质的关系。另外，还有一些限制是咨询本身所赋予的，如时间限制，每次会谈有一定的时间限制，咨询的时间不论是数次、数周还是数月都是有限制的。咨询结束后，咨询关系也告一段落了。由于责任限制，心理咨询师不能越俎代庖，去替求助者完成或替求助者解决求助者应当自己处理的生活问题。不过尽管有这些限制，心理咨询师是求助者的

有特殊友谊的亲密朋友，相互之间交流的情感、信息又是超过了一般朋友或社会利益关系的。这种性质的朋友关系看似限制过多，可能会让双方不愉快，而实际上恰是因为这种性质的朋友关系，减少了很多不必要的不良影响和威胁的可能性，增加了求助者的安全感，会更加利于咨询工作的开展。

（3）保密原则和信任原则

心理咨询历来特别强调的一个原则就是保密原则，其实这一原则还包含一个密切相关的原则，即信任原则。

首先我们说说信任原则。求助者来向心理老师咨询或者向心理咨询师咨询，必然会谈到个人内心的活动，涉及个人的一些原来没有和别人说过的、不为人知的小秘密。他（她）如果不是对心理老师或心理咨询师特别信任的话是不可能去说的。但心理老师或心理咨询师不是自己的父母或特别熟悉的人，求助者为什么会信任他呢？其实这个道理也并不复杂，这就像我们去找医生诊病，医生我们也不一定熟悉，更不大可能是我们的家人，但我们相信这个职业的人的专业性，包括他的专业知识、职业操守、职业道德和作为这个职业从业者的高尚品格，相信他在用专业知识和经验帮助我们的时候不会伤害到我们。面对心理老师或心理咨询师，我们会暴露我们内心深处的心理活动，同样我们相信他（她）的职业道德和职业操守的原则不会让我们受到伤害。

作为心理老师或心理咨询师，面对求助者在尊重他（她）的同时，对求助者应具有包容性。这也是求助者对心理咨询师信任的基础之一。当然，心理老师或心理咨询师对求助者也应当是信任的，如信任他（她）是诚实的或基本上说的是实际情况，这就是信任原则的基本概念。

（4）预防性原则和疏导性原则

心理咨询特别强调预防性原则和疏导性原则，这些原则的核心是实事求是。人的心理是复杂的、丰富的，心理咨询的目标也是多层次的、多样的。虽然也有一些心理咨询是单一性目标，但也不是简单目标。求助者的烦恼、痛苦希望尽快被处理掉，这种心情可以理解，心理老师或心理咨询师对很多心理问题的处理也很有经验，很多大学生所提出的或遇到的心理问题对心理老师来说可能早已是常见问题，但对于求助者个人来说就不会觉得司空见惯，也不会在心理老师的点拨下一下子就豁然开朗、迎刃而解。而且每个人总会有因为自己的性格等因素形成的"心结"，更何况心理咨询也要遵循一定的心理学的科学规律循序渐进地进行，也就是说，心理老师或心理咨询师要根据求助者提出的问题及解决问题的条件逐一梳理，审时度势，春风化雨般地滋润心田，最终做到水到渠成，而不能拔苗助长、急于求成。所以，心理咨询一般都需要一定的时间和次数，不可能一蹴而就。

（5）发展原则

心理咨询的目标不应只是局限于消除来访者当下的心理失调和障碍，还要注重来访者的成长，高校心理教育更应为促进全体学生发展服务，帮助全体学生提高适应能力，建立起内外协调的良性发展机制。

（6）计划性原则和针对性原则

大学生在进入大学以后，通过心理健康教育，愿意积极、主动地接受心理咨询，并希望通过心理咨询获益，这对大学生个人成长来说是非常有实效和有积极意义的。对个人来说，这种积极性应该得到保护。不过大学生还应当明确的是，心理咨询虽然有这样的作用，但不能急于求成，心理咨询虽然对一个人的心理发展、心理健康等很有帮助，但不能指望一次或一个短期的心理咨询就能够把所有的需要调整的心理因素都包罗进去，全面改观。而只能是从某一方面入手，有计划、有方向地做工作，一个一个地解决问题，这就是我们心理学家常说的计划性。而每次就某一具体的求助者所反映的，或经心理咨询师与求助者共同讨论确定的某一心理问题进行咨询，这在心理咨询中被称为针对性。

（7）重大决定延期原则

心理咨询期间，由于来访者情绪过于不稳和动摇，原则上应规劝其不要轻易做出诸如退休、调换工作、退学、转学、离婚等重大决定。在咨询结束后，来访者的情绪得以安定、心境得以平和之后做出的决定，往往不容易后悔或反悔的概率较小。因此应在咨询开始时予以告知。

（二）心理咨询的作用

1.满足大学生对心理咨询的需要

一般而言，大学生正处于青春期，这一阶段的学生心理状况相对复杂，往往既成熟又幼稚，理想与现实、主动与被动等心理特点并存。与此同时，大学生思想相对开放，接触新鲜事物的愿望相对较强，在社会不断发展、价值观日趋多元的时代环境下，各种思想观念给当代大学生带来的影响也越来越大，他们希望借助各种途径进行表达和交流的需求也日益强烈。因此，通过心理咨询技术与大学生进行心灵方面的交流，能够有效借助面对面的咨询、交流，满足大学生解决问题、增强适应能力和促进心智健康成长的需要，为大学生进行心灵交流和心理咨询提供重要的条件。

2. 有助于辅导员工作创新

社会的不断进步对大学生的发展和成长产生了很大程度的影响。如果在现阶段进行学生思想政治教育时高校辅导员仍然使用传统的管理模式，在对学生进行评价时只使用道德的标准，在对学生进行教育时只使用说教的方式，用自身的价值观以及道德观对学生进行约束，势必会对最后的教育结果产生不良影响。所以，为了与时代的变革以及发展相适应，高校辅导员也应该创新自身的工作。对传统学生管理中的不科学之处进行剔除，在处理学生问题时不仅仅对学生进行单纯的批评教育，而是通过对心理咨询技能进行合理运用，在轻松、开放、平等的环境下与学生进行有效交流。这样做能够有效地减少学生对辅导员思想教育的抵触心理，能够帮助高校辅导员对学生的想法进行更加深入的了解，从而能够为学生提供更好的帮助，同时帮助高校辅导员更加顺利地开展工作。

3. 实现高校心理健康教育的拓展与延伸

借助心理咨询技术开展大学生心理健康教育教学，能够帮助高校和教师进一步贯彻心理健康教育教学的课程标准与要求，同时还能借助各类外部要素对大学生心理状态进行引导，实现高校心理健康教育教学的拓展和延伸，利用心理咨询技术对大学生进行心理健康教育与辅导，能够帮助学校和教师立足于心理健康教育教学的需要，不断将现实生活渗透进心理健康教育中。通过学校内外要素引导学生进行心理素质培养，让学生体会心理健康中的道理、感情和观点，并借助信息互通和交流将心理健康教育中的事实、概念、原理、技能进行传达和教学，引导学生融会贯通相关知识，辅助学生形成更丰富的体验和感悟，从而实现高校心理健康教学向外界的拓展和延伸。

（三）心理咨询在高校的应用

1. 通过倾听了解学生的真实心理状态

创设平等的师生关系，真诚地倾听学生表达心中想法，能够很好地展现学生的心理状态，这对于有效咨询和解决问题有很大帮助。因此，教师应积极通过倾听了解学生真实的心理状态，在学生表达自身内心想法时做到不嘲笑，为学生答疑解惑，引导学生形成积极、健康的心理状态。具体来说，教师应借助心理咨询技术，面向所有学生进行咨询。在课堂上用语言、眼神，身体姿态和表情等来鼓励学生进行自我表达，为学生表达内心所想提供鼓励，从而使学生勇敢地表达和沟通。例如，教师可以借助"是否送父母去养老院""中国式过马路"等社会热点话题来让学生表达观点，进行师生间的交流，倾听学生对各种问题的想法，借此来探寻学生的心理状态，并借助师生互动这种形式引导学生树立正确的价值观念，让学生在学会自我表达的同时学会正确的思考方式和思路。

2. 借助自我表露实现共情

教师应在心理健康教育教学中借助自我展现来实现与学生之间的共情，通过自我开放和学生进行密切的情感交流，从而为更好地进行咨询和了解创造便利的条件。教师应以真诚的态度为基础，将自身的观点、思想、情感、经验传递给学生，通过师生间的交流获得学生对教师的认同，从而引导学生更好地对心理状态进行表达和阐述。师生各自从自身的情感出发进行问题的探讨，从而实现师生间有价值、有意义、有目的的沟通。

3.心理咨询与危机干预相结合

高校心理咨询不仅需要对学生的心理问题进行评估，并及时地进行咨询疏导，更应当进行发展性和适应性的心理咨询。

发展性咨询的要点是发展和预防，即让心理咨询从服务于极少数心理障碍人群转变为服务整体。这为当今的心理咨询工作的开展指明了研究方向，开拓了更加宽广的空间。高校心理咨询中心应重视发展性心理咨询，定期开设心理健康课程，使得学生的心理健康相关知识更加丰富；通过开展心理评测，对大一新生建立起心理健康档案，并以此为基础为学生制订生涯规划，且针对不同团体制定专门的团体辅导课程。

大学生在遇到突发的重大事件时，极有可能造成心理危机，这个时候实施正确的干预措施对于心理危机的干预是极有意义的。特别是在面对一些极端情况的时候，例如存在自杀倾向时，深入进行研究，探讨出正确有效的干预方法。另外，将发展性心理咨询和蔓延干预相结合，在心理危机干预的过程中争取其他社会系统的支持，使大学生能以更快且更好地调节自己的心理，尽快恢复到正常的学习生活中来。

4.引导大学生加强心理疏导

高校和教师都应借助心理咨询技术，引导大学生对自己的心理状态形成明确的认知和了解，引导大学生自己从"自律""自省"的角度出发，构建起正确的内部力量，借此来引导其最终形成积极、正面的心理与行为观念，更好地应对自己面临的心理压力。在心理咨询过程中，教师应引导学生在学习过程中积极通过各个课程和各类知识的学习来充实自己，帮助其自身形成良好的知识储备，并积极通过各种途径引导学生了解社会形势和变化，为其结合时代需求提升能力奠定必要基础，同时为自身更好地适应就业需要、提升自身适应能力提供更多支持。例如，在对待恋爱关系上，引导学生努力形成正确的恋爱观；在面对挫折或困难时不选择逃避，而是用积极的心态去面对；利用转移注意力等方法，借助对知识的学习、与他人沟通以及参与各类活动来舒缓自己面临的压力，对学生心理问题进行疏导和解决。

5. 做好关注与评价

高校应密切关注每一位大学生的性格特点、家庭背景、个人特长等，用公平、公正的态度对待学生的学习情况和心理健康情况，对家庭条件较差或心理状态不好的学生加强面向个人的咨询，努力做到平等对待每一个学生，通过关注、考察和评价帮助每一个学生树立健康的思想观念。同时，高校应积极面向大学生群体做好整体的考察和评价，帮助大学生群体对自身心理状态形成全面的认知，并针对不同的个体制订相应的改进计划，利用课堂内外的咨询和疏导，帮助大学生树立解决困难和迎难而上的勇气。这就意味着高校有必要设计相关心理测评环节，利用针对学生个人的咨询来获得学生心理状态，形成关于学生心理与思想的总结，掌握学生具体的心理健康教育需求，以此为依据制订相应的教学计划。这样可以帮助学生对自身思想观念形成正确的判断和认知，从而给自身寻找更为合适的改进方法和思路，为自身心理状态的调整提供更为丰富的依据。

参考文献

[1] 翁国瑞，林娇玉，孙晓芸．新时代大学生心理健康教育教学研究 [M]. 长春：吉林文史出版社，2022.

[2] 吴越．大学生心理健康教育教学模式的构建与实践研究 [M]. 长春：东北师范大学出版社，2017.

[3] 王晓刚，郝丽萍．大学生心理健康教育课程教学研究 [M]. 天津：天津科学技术出版社，2013.

[4] 高汉运．大学生心理健康概论 [M]. 济南：山东大学出版社，2001.

[5] 薛春艳．生命教育视野中的大学生心理健康教育研究 [M]. 武汉：华中科技大学出版社，2020.

[6] 陶文芳．大学生心理健康教育课程改革研究 [M]. 长春：吉林人民出版社，2020.

[7] 瞿珍，瞿彬，李建华，等．大学生心理健康 [M]. 上海：华东理工大学出版社，2018.

[8] 杨洪泽，陈亮，庄郁馨．当代大学生心理健康与训练 [M]. 沈阳：辽宁人民出版社，2023.

[9] 于佳．高职院校大学生心理健康教育与辅导研究 [M]. 北京：中国原子

能出版社，2022.

[10] 唐琳．网络环境下大学生心理健康教育研究 [M]. 成都：西南交通大学出版社，2018.

[11] 汪海彬，徐俊华，姚本先．"大学生心理健康教育"教学研究的现状 [J]. 宁波大学学报 (教育科学版)，2016(2)：102-106.

[12] 吴静．QAIT 教学思路下的整合性《大学生心理健康教育》教学研究与实践 [J]. 佳木斯职业学院学报，2020(10)：162-164.

[13] 边艺．积极心理学视角下大学生心理健康教育教学研究 [J]. 湖北开放职业学院学报，2023(14)：49-51.

[14] 谭亚菲．优势强化团体辅导与大学生心理健康教育教学研究 [J]. 亚太教育，2015(21)：240-241.

[15] 黄金来．高职院校大学生心理健康教育教学研究：基于"校企一体、四双驱动"的教学实施体系 [J]. 南宁职业技术学院学报，2013(4)：46-49.

[16] 田原，王安冉，潘光花．中医文化融入大学生心理健康教育课程教学研究 [J]. 中国中医药现代远程教育，2021(9)：52-54.

[17] 唐梦瑶，孙裕如．大学生心理健康教育课程教学模式研究与实践 [J]. 安徽教育科研，2023(9)：17-19.

[18] 徐帅，谌晓安，沈飞．大学生心理健康教育与体育教学融合促进研究 [J]. 武术研究，2023(10)：137-138.

[19] 孙萱，徐子珍．学生视角下大学生心理健康教育课程混合式教学满意度的探索与研究 [J]. 科教文汇，2024(7)：180-184.

[20] 陈加欣 . 大学生心理健康教育课堂教学模式的研究 [J]. 辽宁丝绸，2022(1)：67-68.

[21] 陈晓燕 . 高职学生学习效能感与"大学生心理健康教育"课程有效教学研究 [J]. 科教导刊，2024(1)：143-145.

[22] 蔡瑞宝，汪海滨 . 篮球教学联合 APP 教育对大学生心理健康的干预研究 [J]. 池州学院学报，2024(1)：74-77.

[23] 王婧艳，马苗苗，刘宇，等 . 心理育人背景下大学生心理健康教育教学改革策略研究 [J]. 教育信息化论坛，2022(11)：90-92.